# しっかり基礎から学ぶ

# サンスクリット

# 上巻

# Basic　Sanskrit　Learning
# Vol.1

平岡昇修　著

Shoshu Hiraoka

山喜房佛書林

# ま　え　が　き

　サンスクリットに親しみを覚えられる参考書を作成してみようとする企画は、１９８３年に始めたものである。１９９０年には『サンスクリット　トレーニング』の第１巻が、次いで１９９１年に第２巻が、１９９５年には第３巻が完成した。１９９７年には第４巻として発音編のＣＤを製作した。２００６年には第４巻の改訂版として３枚のＣＤとともに安価な『新サンスクリット　トレーニングⅣ』を出版し、遂に２０１６年会話編・文字練習編を加えて山喜房佛書林より『耳から覚えるサンスクリット』を出版した。

　２００４年に『サンスクリット　トレーニング』の最終巻として「トレーニング」と「応用トレーニング」の解答と語彙を集大成したサンスクリット解釈書『サンスクリット虎の巻』を出版したが、２００５年に『サンスクリット虎の巻』の後半部を独立した安価な辞典として『初心者のためのサンスクリット辞典』を出版し、改訂を加えて山喜房佛書林より２０１５年『改訂新版　初心者のためのサンスクリット辞典』を出版した。

　２００８年『サンスクリット　トレーニング』全３巻をまとめたＣＤ付きの文法書『初心者のためのサンスクリット文法Ｉ』を出版した。２０１７年には改善・訂正し、山喜房佛書林より『新　初心者のための文法Ｉ』を出版した。２０１２年にはより良く文法書を活用するために文法の総索引を『サンスクリット文法Ⅱ』を出版した。

　今回は『サンスクリット　トレーニングＩ』をより平易に分かりやすく、初心者でも短期間でサンスクリットを学んでいただけるように題名は『**しっかり基礎から学ぶサンスクリット**』とし、一冊の単価を安くするために上下２巻に分けて出版することにした。

　表紙のデザインは、中録新社にお願いした。インド文字の書き順で私の弟の平岡隆氏にご協力を戴いた事に衷心から感謝の意を述べたい。

　この度の出版に際して､御尽力を賜った山喜房佛書林の吉山利博氏に衷心から感謝の意を捧げたい。

　誤植・誤記は努めて排除したつもりであるが、なお不十分なる箇所は、すべて筆者の不徳の致すところである故、お気づきの点があれば御叱正頂ければ幸いである。

　２０１９年11月２６日

著　者

# 本書の使い方

**基礎トレーニング**では単語を覚えるための練習をします。1 日約 2～3 個の単語を覚えましょう。

**ポイント**にはその課に出てきた単語と重要事項が要約されていますので、トレーニングを行う時には参考にしてください。

**トレーニング**ではサンスクリットから日本語に訳する練習をしましょう。その答えは応用トレーニングに書かれています。

**応用トレーニング**では日本語からサンスクリットに訳する練習をしましょう。答えはトレーニングに書かれています。

課の最後には註解書が付いています。**註解**はサンスクリットを訳する時に参考となるように作られています。特に連声法を理解する上では参考になると思われます。

**連声法**を理解するために本の末尾に子音の外連声表と母音の外連声表を付けましたので連声を理解する上で活用してください。

また、サンスクリット文法をより深く理解したい人は『新　初心者のためのサンスクリット文法　1　』をご利用ください、この文法書の総索引として『初心者のためのサンスクリット文法　2　』も用意しておりますのでご活用ください。

本書は『サンスクリット　トレーニング　1』を改良して『サンスクリット虎の巻』と合体して問題数も少なくしてサンスクリットをしっかり基礎から学んでもらうために作成したものです。この上の段階を目指し勉強したい方は『　サンスクリット　トレーニング　2　』や『　サンスクリット　トレーニング　3　』にお進み下さい。辞典は『改訂新版　初心者のためのサンスクリット辞典』がありますのでご利用ください。サンスクリットの生きた発音と活用を覚えるには『耳から覚えるサンスクリット』をご利用ください。3 枚のＣＤによって生きたサンスクリットを体感して頂けます。

# 略字の説明

| | |
|---|---|
| A. | **ātmanepada** (middle voice) 反射態／為自動詞 |
| Ab. or abl. | (ablative) 従格／奪格 |
| Ac. or acc. | (accusative) 目的格 |
| act. | (active) 能動態 |
| adj. or a. | (adjective) ・形・ 形容詞 |
| adv. | (adverb) ・副・ 副詞 |
| D. or dat. | (dative) 与格 |
| du. | (dual) 両数／双数 |
| f. | (feminine) ・女・ 女性 |
| G. or gen. | (genitive) 属格／所有格 |
| I. or inst. | (instrumental) 具格 |
| impf. | (imperfect) 直説法過去／不定過去 |
| ind. or indecl. | (indeclinable) 不変化詞（副詞，接続詞，前置詞，間投詞） |
| ipv. | (imperative) 命令法 |
| L. or loc. | (locative) 依格／処格／於格 |
| m. | (masculine) 男性 |
| N. or nom. | (nominative) 主格 |
| n. | (neuter) 中性 |
| num. | (numeral) ・数・ 数詞 |
| opt. | (optative) 願望法 |
| P. | **parasmaipada** (active voice) 能動態／為他動詞 |
| pass. | (passive) 受動態、受動活用 |
| pl. | (plural) 複数 |
| pres. | (present) 現在 |
| pres.act. | (present active) 直説法現在能動態 (P.) |
| pron. | (pronoun) ・代・ 代名詞 |
| sg. | (singular) 単数 |
| V. or voc. | (vocative) 呼格 |
| --- | 語形の一部省略を示す。 |
| cf. | (confer) ［比較せよ、参照せよ］ |
| ＋ | 格支配、または結合を表わす。 |

# 目　次

# 文字・書法・発音

## § 1　文字と発音と書き順

### 1．母音

| | | | |
|---|---|---|---|
| a अ ［短母音］ | ā आ ［長母音］ | i इ ［短母音］ | ī ई ［長母音］ |
| 日本語の「ア」と同じ | 「アー」と同じ | 「イ」と同じ | 「イー」と同じ |
| u उ ［短母音］ | ū ऊ ［長母音］ | ṛ ऋ ［短母音］ | ṝ ॠ ［長母音］ |
| 日本語の「ウ」と同じ | 「ウー」と同じ | 「ル」 or 「リ」と発音 | 「ルー」 or 「リー」と発音 |
| ḷ ऌ ［短母音］ | ḹ ॡ ［長母音］ | e ए ［長母音］ | ai ऐ ［長母音］ |
| 「ル」 or 「リ」と発音 | 実際には使われない | 「エー」と発音 | 「アイ」と発音 |
| o ओ ［長母音］ | au औ ［長母音］ | | |
| 「オー」と発音 | 「アウ」と発音 | | |

激音＝息を激しく出しながら発音する子音

### 2．子音＋ a

| | | | | |
|---|---|---|---|---|
| ka क | kha ख | ga ग | gha घ | ṅa ङ |
| 日本語の「カ」 | 激音の「カ」 | 濁音の「ガ」 | 激音の「ガ」 | 鼻音の「ンガ」 |
| ca च | cha छ | ja ज | jha झ | ña ञ |
| 日本語の「チャ」 | 激音の「チャ」 | 濁音の「ジャ」 | 激音の「ジャ」 | 鼻音の「ニャ」 |
| ṭa ट | ṭha ठ | ḍa ड | ḍha ढ | ṇa ण |
| 巻き舌音の「タ」 | 激音の「タ」 | 濁音の「ダ」 | 激音の「ダ」 | 巻き舌音の鼻音「ナ」 |
| ta त | tha थ | da द | dha ध | na न |
| 日本語の「タ」 | 激音の「タ」 | 濁音の「ダ」 | 激音の「ダ」 | 日本語の「ナ」 |
| pa प | pha फ | ba ब | bha भ | ma म |
| 日本語の「パ」 | 激音の「パ」 | 濁音の「バ」 | 激音の「バ」 | 日本語の「マ」 |
| ya य | ra र | la ल | va व | |
| 日本語の「ヤ」 | 巻き舌音の「ラ」 | 「ラ」の発音 | 日本語の「ワ」と同じ発音 | |
| śa श | ṣa ष | sa स | ha ह | |
| 「シャ」の発音 | 巻き舌音の「シャ」 | 日本語の「サ」 | 日本語の「ハ」と同じ発音 | |

## 3．発音上の注意点

**(1)** ā, ī, ū, ṛ は長音である。

　　例　　महाराज mahārāja ［マハーラージャ］　　（マハラジャではない）

**(2)** ṛ は［リ］のように発音されるが、インド中西部や南インドでは［ル］のように発音される。

　　例　　कृष्ण kṛṣna ［クリシュナ］［クルシュナ］

**(3)** o, e は常に長音である。日本語の［オ、エ］のような短音の発音はない。

　　例　　योग yoga ［ヨーガ］（ヨガではない）

**(4)** ṅ は「漫画（マンガ）」の［ンガ］のように発音する。

**(5)** ṭ は英語 little における t のように発音する。

**(6)** ṣ は舌先を口蓋につけて反らし巻舌にして［シャ］のように発音する。

**(7)** ḥ は普通の h 音で、舌は直前に発音された母音の位置を保つ。

| 例 | devaḥ デーヴァハ | devāḥ デーヴァーハ | agniḥ アグニヒ | nadīḥ ナディーヒ |
|---|---|---|---|---|
| | śiśuḥ シシュフ | vadhūḥ ヴァドゥーフ | agneḥ アグネーヘ | devaiḥ デーヴァイヒ |
| | devayoḥ デーヴァヨーホ | devābhyām デーヴァーブヤーム | | nyāya ニヤーヤ |

**(8)** 他の発音例

| | | |
|---|---|---|
| devam デーヴァム | devasya デーヴァスヤ | devau デーヴァウ |
| devāt デーヴァート | devān デーヴァーン | deveṣu デーヴェーシュ |

```
アヌスワーラ                           ヴィサルガ
```

□　ṃ　saṃskṛtam　संस्कृतम्　　　□:　ḥ　duḥkham　दुःखम्
　　　サンスクリタム　　　　　　　　　　　　　　　　ドゥフカム

**(9)** 激音 kh, ch, th, ph の発音

kha ［のどに引っかかったものを吐き出すように］　　tha ［舌と上あごが強く摩擦するように］

cha ［舌で音を強く破裂させながら「チャ」と言う］　　pha ［上下の唇で音を破裂させるように］

## 4．結合文字

r が、子音に先立つ時　　　　　　　　　　　　r が、子音に続く時

| | | | | | | | | | |
|---|---|---|---|---|---|---|---|---|---|
| र् | ＋ | क | ＝ | □र्क | rka | क् | ＋ र | ＝ क्र | kra |
| र् | ＋ | का | ＝ | □र्का | rkā | ग् | ＋ र | ＝ ग्र | gra |
| र् | ＋ | कि | ＝ | □र्कि | rki | त् | ＋ र | ＝ त्र | tra |
| र् | ＋ | के | ＝ | □र्के | rke | द् | ＋ र | ＝ द्र | dra |
| र् | ＋ | कै | ＝ | □र्कै | rkai | ध् | ＋ र | ＝ ध्र | dhra |
| र् | ＋ | को | ＝ | □र्को | rko | ब् | ＋ र | ＝ ब्र | bra |
| र् | ＋ | कं | ＝ | □र्कं | rkaṃ | श् | ＋ र | ＝ श्र | śra |

| | | | | | | | | | |
|---|---|---|---|---|---|---|---|---|---|
| क् k | + त ta | = | क्त | kta | द् d | + व va | = | द्व | dva |
| क् k | + ष ṣa | = | क्ष | kṣa | ग् g | + द da | = | ग्द | gda |
| ज् j | + ञ ña | = | ज्ञ | jña | च् c | + य ya | = | च्य | cya |
| त् t | + त ta | = | त्त | tta | ट् ṭ | + ठ ṭha | = | ट्ठ | ṭṭha |
| द् d | + य ya | = | द्य | dya | ङ् ṅ | + ग ga | = | ङ्ग | ṅga |
| ग् g | + न na | = | ग्न | gna | द् d | + द da | = | द्द | dda |
| ष् ṣ | + ट ṭa | = | ष्ट | ṣṭa | ष् ṣ | + ठ ṭha | = | ष्ठ | ṣṭha |
| क् k | + य ya | = | क्य | kya | क् k + त् t | + व va | = | क्त्व | ktva |

| | | | | | |
|---|---|---|---|---|---|
| ङ्क | ṅka | ज्य | jya | प्य | pya |
| ङ्ख | ṅkha | ज्व | jva | प्य | pya |
| ङ्घ | ṅgha | ञ्च | ñca | प्स | psa |
| ट्ठ | ṭṭha | ञ्ज | ñja | ब्ज | bja |
| ड्ढ | ḍḍha | ण्ठ | ṇṭha | ब्द | bda |
| द्ध | ddha | ण्ठ | ṇṭha | ब्य | bya |
| द्व | dva | ण्य | ṇya | भ्य | bhya |
| ष्ण | ṣṇa | त्थ | ttha | य्य | yya |
| ह्न | hna | त्न | tna | ल्क | lka |
| ह्म | hma | त्म | tma | ल्त | lta |
| ह्य | hya | त्य | tya | ल्प्त | lpta |
| ह्ल | hla | त्व | tva | ल्म | lma |
| ह्व | hva | त्स | tsa | व्य | vya |
| ह्व | hva | ध्य | dhya | श्च | śca |
| क्य | kya | ध्व | dhva | श्छ | ścha |
| ग्ग | gga | न्त | nta | श्न | śna |
| ग्द | gda | न्त्र | ntra | ष्ट्व | ṣṭva |
| ग्ध | gdha | न्य | nya | स्त्र | stra |
| ग्य | gya | न्स | nsa | स्य | sya |
| घ्न | ghna | न्ह | nha | स्व | sva |
| च्छ | ccha | प्त | pta | | |

## 5．インド文字一覧表

次の表は、各母音記号が子音字 □ についた形で、実際に組合せがないのは空白になっている。

ṝ, ḷ, ḹ の母音は稀であるため、ここでは省略する。

| □् | a | □ा ā | ि□ i | □ी ī | □ु u | □ू ū | □ृ ṛ | □े e | □ै ai | □ो o | □ौ au |
|---|---|---|---|---|---|---|---|---|---|---|---|
| k क् | क | का | कि | की | कु | कू | कृ | के | कै | को | कौ |
| kh ख् | ख | खा | खि | खी | खु | खू | खृ | खे | खै | खो | खौ |
| g ग् | ग | गा | गि | गी | गु | गू | गृ | गे | गै | गो | गौ |
| gh घ् | घ | घा | घि | घी | घु | घू | घृ | घे | घै | घो | घौ |
| ( ṅ ङ् | ङ | ङा | ङि | ङी | ङु | ङू | ङृ | ङे | ङै | ङो | ङौ ) |
| c च् | च | चा | चि | ची | चु | चू | चृ | चे | चै | चो | चौ |
| ch छ् | छ | छा | छि | छी | छु | छू | छृ | छे | छै | छो | छौ |
| j ज् | ज | जा | जि | जी | जु | जू | जृ | जे | जै | जो | जौ |
| jh झ् | झ | झा | झि | झी | झु | झू | झृ | झे | झै | झो | झौ |
| ( ñ ञ् | ञ | ञा | ञि | ञी | ञु | ञू | ञृ | ञे | ञै | ञो | ञौ ) |
| ṭ ट् | ट | टा | टि | टी | टु | टू | टृ | टे | टै | टो | टौ |
| ṭh ठ् | ठ | ठा | ठि | ठी | ठु | ठू | ठृ | ठे | ठै | ठो | ठौ |
| ḍ ड् | ड | डा | डि | डी | डु | डू | डृ | डे | डै | डो | डौ |
| ḍh ढ् | ढ | ढा | ढि | ढी | ढु | ढू | ढृ | ढे | ढै | ढो | ढौ |
| ṇ ण् | ण | णा | णि | णी | णु | णू | णृ | णे | णै | णो | णौ |
| t त् | त | ता | ति | ती | तु | तू | तृ | ते | तै | तो | तौ |
| th थ् | थ | था | थि | थी | थु | थू | थृ | थे | थै | थो | थौ |
| d द् | द | दा | दि | दी | दु | दू | दृ | दे | दै | दो | दौ |
| dh ध् | ध | धा | धि | धी | धु | धू | धृ | धे | धै | धो | धौ |
| n न् | न | ना | नि | नी | नु | नू | नृ | ने | नै | नो | नौ |

| | ◌् | a | ◌ा ā | ◌ि i | ◌ी ī | ◌ु u | ◌ू ū | ◌ृ ṛ | ◌े e | ◌ै ai | ◌ो o | ◌ौ au |
|---|---|---|---|---|---|---|---|---|---|---|---|---|
| p | प् | प | पा | पि | पी | पु | पू | पृ | पे | पै | पो | पौ |
| ph | फ् | फ | फा | फि | फी | फु | फू | फृ | फे | फै | फो | फौ |
| b | ब् | ब | बा | बि | बी | बु | बू | बृ | बे | बै | बो | बौ |
| bh | भ् | भ | भा | भि | भी | भु | भू | भृ | भे | भै | भो | भौ |
| m | म् | म | मा | मि | मी | मु | मू | मृ | मे | मै | मो | मौ |
| y | य् | य | या | यि | यी | यु | यू | यृ | ये | यै | यो | यौ |
| r | र् | र | रा | रि | री | रु | रू | | रे | रै | रो | रौ |
| l | ल् | ल | ला | लि | ली | लु | लू | | ले | लै | लो | लौ |
| v | व् | व | वा | वि | वी | वु | वू | वृ | वे | वै | वो | वौ |
| ś | श् | श | शा | शि | शी | शु | शू | शृ | शे | शै | शो | शौ |
| ṣ | ष् | ष | षा | षि | षी | षु | षू | षृ | षे | षै | षो | षौ |
| s | स् | स | सा | सि | सी | सु | सू | सृ | से | सै | सो | सौ |
| h | ह् | ह | हा | हि | ही | हु | हू | हृ | हे | है | हो | हौ |

数　字

| | | | | | | | | | | | |
|---|---|---|---|---|---|---|---|---|---|---|---|
| २०१९ | ० | १ | २ | ३ | ४ | ५ | ६ | ७ | ८ | ९ | १० |
| 2019 | 0 | 1 | 2 | 3 | 4 | 5 | 6 | 7 | 8 | 9 | 10 |

## 6　インド文字の書き方

| ṭa | ṭha | ḍa | ḍha | ṇa |
|----|-----|-----|------|-----|
| ट | ठ | ड | ढ | ण |

| ta | tha | da | dha | na |
|----|-----|-----|------|-----|
| त | थ | द | ध | न |

| pa | pha | ba | bha | ma |
|----|-----|-----|------|-----|
| प | फ | ब | भ | म |

| ya | ra | la | va | śa |
|----|-----|-----|------|-----|
| य | र | ल | व | श |

| ṣa | sa | ha | kṣa | jña |
|----|-----|-----|------|-----|
| ष | स | ह | क्ष | ज्ञ |

## 7. インド文字の練習帳

サンスクリットの基本母音を書き順を参考にして書いて覚えよう。

अ a ______________________________

आ ā ______________________________

इ i ______________________________

ई ī ______________________________

उ u ______________________________

ऊ ū ______________________________

ऋ ṛ ______________________________

ॠ ṝ ______________________________

ऌ ḷ ______________________________

ॡ ḹ ______________________________

ए e ______________________________

ऐ ai ______________________________

ओ o ______________________________

औ au

अं aṃ

अः aḥ

サンスクリットの基本子音を書き順を参考にして書いて覚えよう。

क् k + अ a = क ka

ख् kh + अ a = ख kha

ग् g + अ a = ग ga

घ् gh + अ a = घ gha

ङ् ṅ + अ a = ङ ṅa

च् c + अ a = च ca

छ् ch + अ a = छ cha

ज् j + अ a = ज ja

झ् jh + अ a = झ jha

ञ् ñ + अ a = ञ ña

ट् ṭ + अ a = ट ṭa

ठ् ṭh + अ a = ठ ṭha

ड् ḍ + अ a = ड ḍa

ढ् ḍh + अ a = ढ ḍha

ण् ṇ + अ a = ण ṇa

त् t + अ a = त ta

थ् th + अ a = थ tha

द् d + अ a = द da

ध् dh + अ a = ध dha

न् n + अ a = न na

प् p + अ a = प pa

फ् ph + अ a = फ pha

ब् b + अ a = ब ba

भ् bh + अ a = भ bha

म् m + अ a = म ma

य् y + अ a = य ya

र् r + अ a = र ra

ल् l + अ a = ल la

व् v + अ a = व va

श् ś + अ a = श śa

ष् ṣ + अ a = ष ṣa

स् s + अ a = स sa

ह् h + अ a = ह ha

子音＋母音の結合文字を ka を例にして書いて覚えよう。
（ ṝ, ḷ, ḹ の母音は稀であるため、ここでは省略する）

क् k + अ a = क ka

क् k + आ ā = का kā

क् k + इ i = कि ki

क् k + ई ī = की kī

क् k + उ u = कु ku

क् k + ऊ ū = कू kū

क् k + ऋ ṛ = कृ kṛ

क् k + ए e = के ke

क् k + ऐ ai = कै kai

क् k + ओ o = को ko

क् k + औ au = कौ kau

क ka + ं ṃ = कं kaṃ

कि ki + ं ṃ = किं kiṃ

क ka + ः ḥ = कः kaḥ

कि ki + ः ḥ = किः kiḥ

कु ku + ः ḥ = कुः kuḥ

その他の子音＋母音の結合例

र् r + उ u = रु ru

र् r + ऊ ū = रू rū

ह् h + ऋ ṛ = हृ hṛ

r が、子音に先立つ時の結合文字を書いて覚えよう。

र् r + क ka = □र्क rka

र् r + कः kaḥ = □र्कः rkaḥ

र् r + ग ga = □र्ग rga

र् r + घ gha = □र्घ rgha

र् r + च ca = □र्च rca

र् r + ज ja = □र्ज rja

र् r + घ्य ghya = □र्घ्य rghya

र् r + म ma = □र्म rma

r が、子音に続く時の結合文字を書いて覚えよう。

क् k + र ra = क्र kra

ग् g + र ra = ग्र gra

घ् gh + र ra = घ्र ghra

च्छ् cch + र ra = च्छ्र cchra

ज् j + र ra = ज्र jra

ट् ṭ + र ra = ट्र ṭra

त् t + र ra = त्र tra

द् d + र ra = द्र dra

न्ध् ndh + र ra = न्ध्र ndhra

प् p + र ra = प्र pra

ब् b + र ra = ब्र bra

भ् bh + र ra = भ्र bhra

म्प् mp + र ra = म्प्र mpra

म् m + र ra = म्र mra

व् v + र ra = व्र vra

श् ś + र ra = श्र śra

ष्ट् ṣṭ + र ra = ष्ट्र ṣṭra

ष्प् ṣp + र ra = ष्प्र ṣpra

स्त् st + र ra = स्त्र stra

स् s + र ra = स्र sra

ह् h + र ra = ह्र hra

その他の結合文字を書き順を参考にして書いて覚えよう。

क् k + क ka = क्क kka

क् k + त ta = क्त kta

क् k + त् t + व va = क्त्व ktva

क् k + न na = क्न kna

क् k + म ma = क्म kma

क् k + य ya = क्य kya

क् k + ल la = क्ल kla

क् k + व va = क्व kva

क् k + ष ṣa = क्ष kṣa

क् k + ष्ण ṣṇa = क्ष्ण kṣṇa

क् k + ष्म ṣma = क्ष्म kṣma

क् k + ष्य ṣya = क्ष्य kṣya

ख् kh + य ya = ख्य khya

ग् g + ग ga = ग्ग gga

ग् g + ण ṇa = ग्ण gṇa

ग् g + द da = ग्द gda

ग् g + ध dha = ग्ध gdha

ग् g + न na = ग्न gna

ग् g + म ma = ग्म gma

ग् g + य ya = ग्य gya

ग् g + ल la = ग्ल gla

ग् g + व va = ग्व gva

घ् gh + न na = घ्न ghna

ङ् ṅ + क ka = ङ्क ṅka

ङ् ṅ + ख kha = ङ्ख ṅkha

ङ् ṅ + ग ga = ङ्ग ṅga

ङ् ṅ + घ gha = ङ्घ ṅgha

ङ् ṅ + क्त kta = ङ्क्त ṅkta

च् c + च ca = च्च cca

च् c + छ cha = च्छ ccha

च् c + म ma = च्म cma

च् c + य ya = च्य cya

ज् j + ज ja = ज्ज jja

ज् j + ञ ña = ज्ञ jña

ज् j + व va = ज्व jva

ज् j + य ya = ज्य jya

ञ् ñ + च ca = ञ्च ñca

ञ् ñ + च्छ ccha = ञ्च्छ ñccha

ञ् ñ + ज ja = ञ्ज ñja

ट् ṭ + ट ṭa = ट्ट ṭṭa

ट् ṭ + ठ ṭha = ट्ठ ṭṭha

ड् ḍ + ढ ḍha = ड्ढ ḍḍha

ण् ṇ + ट ṭa = ण्ट ṇṭa

ण् ṇ + ठ ṭha = ण्ठ ṇṭha

ण् ṇ + ड ḍa = ण्ड ṇḍa

ण् ṇ + ढ ḍha = ण्ढ ṇḍha

ण् ṇ + ण ṇa = ण्ण ṇṇa

ण् ṇ + म ma = ण्म ṇma

ण् ṇ + य ya = ण्य ṇya

| | | | | | | | |
|---|---|---|---|---|---|---|---|
| ण् | ṇ | + | व | va | = | ण्व | ṇva |
| त् | t | + | क | ka | = | त्क | tka |
| त् | t | + | त | ta | = | त्त | tta |
| त् | t | + | त्व | tva | = | त्त्व | ttva |
| त् | t | + | थ | tha | = | त्थ | ttha |
| त् | t | + | न | na | = | त्न | tna |
| त् | t | + | प | pa | = | त्प | tpa |
| त् | t | + | म | ma | = | त्म | tma |
| त् | t | + | य | ya | = | त्य | tya |
| त् | t | + | व | va | = | त्व | tva |
| त् | t | + | स | sa | = | त्स | tsa |
| त् | t | + | स्न | sna | = | त्स्न | tsna |
| त् | t | + | स्य | sya | = | त्स्य | tsya |
| थ् | th | + | न | na | = | थ्न | thna |
| थ् | th | + | य | ya | = | थ्य | thya |
| द् | d | + | द | da | = | द्द | dda |
| द् | d | + | ध | dha | = | द्ध | ddha |
| द् | d | + | भ | bha | = | द्भ | dbha |
| द् | d | + | म | ma | = | द्म | dma |
| द् | d | + | य | ya | = | द्य | dya |
| द् | d | + | व | va | = | द्व | dva |
| ध् | dh | + | न | na | = | ध्न | dhna |
| ध् | dh | + | म | ma | = | ध्म | dhma |
| ध् | dh | + | य | ya | = | ध्य | dhya |
| ध् | dh | + | व | va | = | ध्व | dhva |
| न् | n | + | त | ta | = | न्त | nta |
| न् | n | + | द | da | = | न्द | nda |
| न् | n | + | ध | dha | = | न्ध | ndha |
| न् | n | + | न | na | = | न्न | nna |

न् n + म ma = न्म nma

न् n + य ya = न्य nya

न् n + व va = न्व nva

प् p + त ta = प्त pta

प् p + न na = प्न pna

प् p + य ya = प्य pya

प् p + ल la = प्ल pla

प् p + स sa = प्स psa

ब् b + ज ja = ब्ज bja

ब् b + द da = ब्द bda

ब् b + ध dha = ब्ध bdha

भ् bh + य ya = भ्य bhya

म् m + न na = म्न mna

म् m + प pa = म्प mpa

म् m + ब ba = म्ब mba

म् m + भ bha = म्भ mbha

म् m + म ma = म्म mma

म् m + य ya = म्य mya

म् m + ल la = म्ल mla

य् y + य ya = य्य yya

ल् l + क ka = ल्क lka

ल् l + प pa = ल्प lpa

ल् l + म ma = ल्म lma

ल् l + य ya = ल्य lya

ल् l + ल la = ल्ल lla

ल् l + व va = ल्व lva

व् v + य ya = व्य vya

श् ś + च ca = श्च śca

श् ś + न na = श्न śna

श् ś + म ma = श्म śma
श् ś + य ya = श्य śya
श् ś + व va = श्व śva
श् ś + ल la = श्ल śla
ष् ṣ + क ka = ष्क ṣka
ष् ṣ + ट ṭa = ष्ट ṣṭa
ष् ṣ + ठ ṭha = ष्ठ ṣṭha
ष् ṣ + ण ṇa = ष्ण ṣṇa
ष् ṣ + प pa = ष्प ṣpa
ष् ṣ + म ma = ष्म ṣma
ष् ṣ + य ya = ष्य ṣya
ष् ṣ + व va = ष्व ṣva
स् s + क ka = स्क ska
स् s + ख kha = स्ख skha
स् s + त ta = स्त sta
स् s + त्य tya = स्त्य stya
स् s + त्व tva = स्त्व stva
स् s + थ tha = स्थ stha
स् s + न na = स्न sna
स् s + प pa = स्प spa
स् s + फ pha = स्फ spha
स् s + म ma = स्म sma
स् s + य ya = स्य sya
स् s + व va = स्व sva
ह् h + न na = ह्न hna
ह् h + म ma = ह्म hma
ह् h + य ya = ह्य hya
ह् h + ल la = ह्ल hla
ह् h + व va = ह्व hva

インド数字を書いて覚えよう。

० ० 0

१ १ 1

२ २ 2

३ ३ 3

४ ४ 4

५ ५ 5

६ ६ 6

७ ७ 7

८ ८ 8

९ ९ 9

१० 10

२०१९ 2019

## 母音 r̥ の発音

r が母音になる場合もあり得る。というと変だと思う人がきっと居ることでしょう。しかし英語においても母音の r はアクセントの無い音綴に現れます。その場合は、但し、 -er と表記されます。butter とか clatter などの様に。

r - 母音は、スラブ系語に見られます、チェッコスロバキア語とかセルビア語です。

サンスクリットにおける母音 r̥ は、古代にはこの様な発音だったに違いなかろう、と推定されるような発音、即ち、 butter の -er によく似たように、あるいは先に書いた場所の名の中の r の如くには現在は発音されません。

今は、インドのあちこちでお互いに違った発音となっています。かくして、マハーラーシュトラでは、ブルブル震動させる r アール音（注, イタリアの語の trillo という単語から来ている）で、そのすぐ後に、はっきりした “u” の音（言い代えれば、 put の u の音）が続く、別に似た音をあげると、英語の brook の roo の音に近い。ひるがえって、ベンガル地方では、 ri の発音と殆ど同じ様に発音されている。この音はベンガル地方に源を発する写本の中に r̥ という字の代わりに使われているものがある。従って **kr̥ṣṇa** 神は、マハーラーシュトラ州に於いては、 **kruṣṇa** の表記されたものの音とそっくりであり、一方ベンガル地方では、まるで **kriṣṇa** と表記されているものを発音した様である。（いや実際にもその様に書かれていることも多い！）これらの現象から考え、又、更に他の無数の読み方の変化形を前にして、我々はどうすればいいか？それに対する答えは、ただ一つ；どれか一つの型を決めて、常にそれに従いなさい、ということである。そのわけは、いずれを取っても、多分すべて同じ程度に正しい歴史を引き継いでいて、甲乙つけ難いからである。

Walter Harding Maurer : The Sanskrit Language --an introductory Grammar and Reader--

# 第１課　音論と動詞

## １．サンスクリットの音の分類

| | | | | | | |
|---|---|---|---|---|---|---|
| **母音** | 単母音 | a | i | u | ṛ | ḷ | （短母音） |
| | | ā | ī | ū | ṝ | （ḹ） | （長母音） |
| | 二重母音 | e | ai | o | au | | （長母音） |

> 起源的に e, o が ai, au から生じ、ai, au が āi, āu から生じたことは、サンスクリット文法を理解する上で極めて重要である。

**子音**

| | 破裂音 | | | | 鼻音 | 半母音 | 歯擦音 | |
|---|---|---|---|---|---|---|---|---|
| | 無声音 | | 有声音 | | | | 無声音 | |
| | 無気 | 帯気 | 無気 | 帯気 | | | | |
| 喉　音（軟口蓋音） | k | kh | g | gh | ṅ | | | 【kaṇṭhya】 |
| 口蓋音（硬口蓋音） | c | ch | j | jh | ñ | y | ś | 【tālavya】 |
| 反舌音（巻舌音） | ṭ | ṭh | ḍ | ḍh | ṇ | r | ṣ | 【mūrdhanya】 |
| 歯　音 | t | th | d | dh | n | l | s | 【dantya】 |
| 唇　音 | p | ph | b | bh | m | v | | 【oṣṭhya】 |

**有声気音**　h　　　**無声気音**　ḥ【visarga】　□:

> **h はもともと有声喉頭音の１種であり、音論を理解するためには本来有声音であったことを記憶する必要がある。**

**特別鼻音**　ṃ　【anusvāra】　□̇

母音および半母音の鼻音化を示す符号があり、【anunāsika】と呼ばれる。

しかし普通鼻音化された l すなわち l̐ のみを考慮すればよい。　□̐

## 2．音節の長短

韻律の規則、アクセントの位置、文法規則を理解する上で音節の長短を知る必要がある。

(1) 長母音は **元来長い音節** と言われる。

(2) 短母音を含む音節でも、母音の後に２個あるいは２個以上の子音が続くとき、

**位置による長い音節** と言われる。

【音節の長短決定の注意点】

ch を除く帯気音、 ṃ, ḥ は、１個の子音として扱われる。

ch は、常に位置による長音節を作り、 cch と書かれる。

例　aṃśa–, duḥkha– の第１音節は位置によって長い音節である。

## 3、母音の階次（交替）

語源を同じくする１群の語形において、語根部分あるいは接尾辞の部分に規則正しい母音の交替が認められ、インドの文法家は母音の階次に関する理論を立てた。

a に基礎母音を加えた階次

（ a ＋ i ，ī ＝ e ；a ＋ u ，ū ＝ o ；a ＋ ṛ ，ṝ ＝ ar ；a ＋ ḷ ＝ al ）

をグナと呼び、さらに a にグナを加えた階次

（ a ＋ a ＝ ā ；a ＋ e ＝ ai ；a ＋ o ＝ au ；a ＋ ar ＝ ār ）

をヴリッディと名付けた。

| 基礎母音 | -- | i ī | u ū | ṛ ṝ | ḷ |
|---|---|---|---|---|---|
| guṇa | a | e | o | ar | al |
| vṛddhi | ā | ai | au | ār | (āl) |

**定動詞 (finite verbs) の構成は ｛語根＋接尾辞｝ ＝ 語幹＋人称語尾＝定動詞**

定動詞は、数・人称・態 (voice) によって規定される。

**数は、** 単数 (sg.)【 **ekavacana** 】・両数［２つの事物を表す］ (du.)【 **dvivacana** 】・
複数 (pl.)【 **bahuvacana** 】の３種である。

**人称は、** １、２、３人称に分かれる。
（インドの文法家は３人称「彼」をもって動詞の代表形と認める。）

**態は、** ３種に分かれる。

能動態（他人のための言葉）【 **parasmaipada** 】(active voice)

反射態［反照態］（動詞の表す行為が動作者自身のために行われることを示す。）
（自分のための言葉）【 **ātmanepada** 】(middle voice)

√yaj

P. **yajati** 彼（祭官）は（他人の為に）祭祀を行う。

A. **yajate** 彼は（自分自身の為に、祭官に）祭祀を行わせる。

しかし、意味上の区別は必ずしも常に守られていない。一群の語根は、 P. のみに活用し、
若干の語根（ √ās 「坐す」、 √śī 「横たわる」）は、 A. にのみ活用する。
その他は両態【 **ubhaya-pada** 】U. に活用する。またある語根は単独に用いられる場合と
動詞接頭辞 (preverbs) を伴うときによって態が異なり、意味にも変化が起こる。

（例） **eti** （ √i ）「彼は行く」は常に P. で活用されるが、
**adhi-** を添えて **adhīte** 「彼は学ぶ」の意味のときは常に A. に活用する。
P. A. の区別は、現在組織以外では明確でなく
主として韻律上の都合によって互いに混用されている。

受動態【 **karmavācya** 】(passive voice) は、 **ātmanepada** の語尾をとり、殆ど現在のみに
用いられる。現在以外の時制においては **ātmanepada** が受動の意味に用いられる。

**人称語尾 (personal endings)**

**下記において [1] は第１種活用を、 [2] は第２種活用を示す。**

**③は、３類動詞を示す。**

| 直説法現在<br>未来 | | | 直説法過去<br>アオリスト・願望法<br>祈願法・条件法 | | 命令法 | | 完了 | |
|---|---|---|---|---|---|---|---|---|
| | P. | A. | P. | A. | P. | A. | P. | A. |
| sg. 1 | mi | e | m [1]<br>am [2] | i | āni | ai | a | e |
| sg. 2 | si | se | s | thāḥ | --- [1]<br>dhi, hi [2] | sva | tha | se |
| sg. 3 | ti | te | t | ta | tu | tām | a | e |
| du. 1 | vaḥ | vahe | va | vahi | āva | āvahai | va | vahe |
| du. 2 | thaḥ | ethe [1]<br>āthe [2] | tam | ethām [1]<br>āthām [2] | tam | ethām [1]<br>āthām [2] | athur | āthe |
| du. 3 | taḥ | ete [1]<br>āte [2] | tām | etām [1]<br>ātām [2] | tām | etām [1]<br>ātām [2] | atuḥ | āte |
| pl. 1 | maḥ | mahe | ma | mahi | āma | āmahai | ma | mahe |
| pl. 2 | tha | dhve | ta | dhvam | ta | dhvam | a | dhve |
| pl. 3 | nti [1]<br>anti [2] | nte [1]<br>ate [2] | n [1]<br>an [2]<br>ur ③ | nta [1]<br>ata [2] | ntu [1]<br>antu [2] | ntām [1]<br>atām [2] | ur | re |

**動詞は現在語幹の作り方によって１０種類に分けられる。**

第１、４、６、１０類動詞は語幹母音 a で終る語幹を持ち、共通の形式で変化し、これを１種活用 [1] という。

第２、３、５、７、８、９類動詞は、第２種活用 [2] という。

第１種活用 [1]

第１類動詞　語根に −a を添えて現在語幹を作る。語根は原則としてグナの階次を表す。

①　　√bhū → bhava−

第６類動詞　語根に −a を添えることは第１類に等しいが、語根の母音はグナをとらない。

⑥　　√tud → tuda−

第４類動詞　語根に −ya を添える。

④　　√div → dīvya

第１０類動詞　語根に −aya を添える。

⑩　　√cur → coraya−

第２種活用 [2]

第２類動詞　なんらの接尾辞も付加しない。

②　　√dviṣ → 強語幹 dveṣ−　　弱語幹 dviṣ−

第３類動詞　重複を特徴として、なんらの接尾辞をも伴わない。

③　　√hu → 強語幹 juho−　　弱語幹 juhu−

第５類動詞　語根に −no を添えて強語幹を、 −nu を添えて弱語幹を作る。

⑤　　√su → 強語幹 suno−　　弱語幹 sunu−

第７類動詞　語根に −na− を挿入して強語幹を、 −n− を挿入して弱語幹を作る。

⑦　　√rudh → 強語幹 ruṇadh−　　弱語幹 rundh−

第８類動詞　語根に −o を添えて強語幹を、 −u を添えて弱語幹を作る。

⑧　　√tan → 強語幹 tano−　　弱語幹 tanu−

第９類動詞　語根に −nā を添えて強語幹を、 −nī （子音で始まる語尾の前）あるいは、

⑨　　−n （母音で始まる語尾の前）を添えて弱語幹を作る。

√krī → 強語幹 krīṇā−　　弱語幹 krīṇī− , krīṇ−

# 第 2 課　　第1類動詞①、　直説法現在動詞

## 1、第1類動詞 ①【 bhvādi 】

(1) 語幹の作り方

語根【 dhātu 】(roots) に a を添えて語幹【 aṅga 】(verbal stems) を作る。

√ ＋ a ＝語幹

定動詞の構成は原則として　語幹＋人称語尾＝定動詞　の形式をとる。

(2) 能動態【 parasmaipada 】、第1類動詞の直説法現在 (pres.)

人称語尾変化【 laṭ　parasmaipadī 】

| | sg. | du. | pl. |
|---|---|---|---|
| 1人称 | mi | vaḥ | maḥ |
| 2人称 | si | thaḥ | tha |
| 3人称 | ti | taḥ | anti |

☆ −s は休止位置において −ḥ となる。

語幹母音 a は、

m または v で始まる語尾のまえで延長され、

a で始まる人称語尾の前では 消滅する。

**動詞も名詞も語尾変化は、インド方式で横に左から右に覚えましょう。**

**例えば　−ti−taḥ−anti ・ −si−thaḥ−tha ・ −mi−vaḥ−maḥ のように**

(3) 直説法現在動詞の用法

√ ＋ a ＝語幹　　　語幹＋人称語尾＝定動詞

√pat ＋ a ＝ pata　　　pata ＋ ti ＝ patati

√pat （落ちる）

| sg. | du. | pl. |
|---|---|---|
| 1 patāmi | patāvaḥ | patāmaḥ |
| 2 patasi | patathaḥ | patatha |
| 3 patati | patataḥ | patanti |

1 現在の動作・状態あるいは一般的事実・真理を表す。

2 英語のように現在と現在進行形の区別は無い。

3 直説法現在では近い未来（まさに～しようとしている）

勧奨（～しよう。 Let's. 1人称複数。）の意味を表す。

## 2、語幹の作り方

**基礎トレーニング 1**

**(1) 語根が単子音に従われる短母音を含むとき、その母音はグナ【 guṇa 】化する。**

**√（ 子音＋短母音＋子音） ＋ a ＝ 語幹**

**グナ化する**

**√budh　　bodha　－　ti**

**（語根）　　（語幹）－（人称語尾）**

次のサンスクリット語を音読しながら書きなさい。

| | | |
|---|---|---|
| खनति | √khan【khanati】(カナティ) | 掘る |
| चरति | √car【carati】(チャラティ) | 行く、歩む、動く、行なう、実行する |
| चलति | √cal【calati】(チャラティ) | 動く、揺れる、進む |
| दहति | √dah【dahati】(ダハティ) | 燃やす、焼く、焼き尽くす、焦がす、悩ます |
| नमति | √nam【namati】(ナマティ) | ～にお辞儀する、曲げる、敬礼する、帰命する |
| पचति | √pac【pacati】(パチャティ) | 煮る、成熟させる、調理する、料理する |
| पतति | √pat【patati】(パタティ) | 落ちる |
| यजति | √yaj【yajati】(ヤジャティ) | 崇拝する、捧げる、祀る、拝む |
| वदति | √vad【vadati】(ワダティ) | 語る、話す |
| वपति | √vap【vapati】(ワパティ) | 振りまく、播く、種をまく |
| वसति | √vas【vasati】(ワサティ) | 住む、留まる、存在する |
| वहति | √vah【vahati】(ワハティ) | 運ぶ、流れる、曳く、もたらす |
| बोधति | √budh【bodhati】(ボーダティ) | 目覚める、知る、学ぶ |
| रोहति | √ruh【rohati】(ローハティ) | 成長する、繁茂する |
| कर्षति | √kṛṣ【karṣati】(カルシャティ) | 引く |
| त्यजति | √tyaj【tyajati】(ティヤジャティ) | 捨てる、去る |
| भ्रमति | √bhram【bhramati】(ブラマティ) | 散歩する、迷う、歩き回る |
| व्रजति | √vraj【vrajati】(ウラジャティ) | 行く |

次の日本語をサンスクリット語に直しなさい。

| | |
|---|---|
| 播く | 掘る |
| 住む | 歩む |
| 流れる | ～にお辞儀する |
| 目覚める | 燃やす |
| 成長する | 帰命する |
| 引く | 料理する |
| 捨てる | 落ちる |
| 歩き回る | 祀る |
| 行く | 語る |
| 敬礼する | 成長する |
| 調理する | 引く |
| 落ちる | 捨てる |
| 崇拝する | 迷う |
| 語る | 行く |

| | |
|---|---|
| 掘る | 播く |
| 動く | 住む |
| 動く | 運ぶ |
| 燃える | 知る |

## 基 礎 ト レ ー ニ ン グ　2

**(2) 語根が母音（短母音、長母音）で終わるとき、その母音はグナ化する。**

次に接尾辞 a を付けて語幹を作るときは、母音の内連声 (internal sandhi) が起こる。

内連声については、後に詳しく説明する。

母音の内連声

例

e ＋母音＝ ay ＋母音　　e ＋ a ＝ aya

o ＋母音＝ av ＋母音　　o ＋ a ＝ ava

√（子音＋母音）＋ a ＝語幹

グナ化　内連声

例　√ji　グナ化 ＝ je　内連声（e ＋ a）＝ jay ＋ a ＝ jaya ＝語幹

**次のサンスクリット語を音読しながら書きなさい。**

| | | |
|---|---|---|
| जयति | √ji 【jayati】(ジャヤティ) | 勝つ、征服する |
| नयति | √nī 【nayati】(ナヤティ) | 導く、案内する、連れていく |
| द्रवति | √dru 【dravati】(ドゥラワティ) | 走る、急ぐ、襲う、溶かす |
| भवति | √bhū 【bhavati】(バワティ) | ～である、～になる |
| सरति | √sṛ 【sarati】(サラティ) | 行く、移動する、ずれる、流れる |
| स्मरति | √smṛ 【smarati】(スマラティ) | 思い出す、心にとどめる、記憶する |

**次の日本語をサンスクリット語に直しなさい。**

| | |
|---|---|
| である | 勝つ |
| 行く | 導く |
| 記憶する | 溶かす |
| 征服する | ～になる |
| 導く | 行く |
| 走る | 思い出す |

## 基礎トレーニング 3

**(3) 長母音＋子音の構造をもつ語根は変化しない。**

**√（長母音＋子音 ） ＋ a ＝ 語幹**

**√（子音＋長母音＋子音）＋ a ＝ 語幹**

**次のサンスクリット語を音読しながら書きなさい。**

क्रीडति √krīḍ【krīḍati】(クリーダ゛ティ) 遊ぶ、楽しむ、戯れる

खादति √khād【khādati】(カーダ゛ティ) 食べる

जीवति √jīv【jīvati】(ジ゛ーワティ) 生きる

धावति √dhāv【dhāvati】(ダ゛ーワティ) 走る、流れる、突進する

**次の日本語をサンスクリット語に直しなさい。**

| | |
|---|---|
| 生きる | 走る |
| 突進する | 遊ぶ |
| 遊ぶ | 食べる |
| 食べる | 流れる |

## 基礎トレーニング 4

**(4) 子音群で終わる語根は変化しない。**

**√（子音＋母音＋子音・・・・）＋ a ＝ 語幹**

**サンスクリット語を音読しながら書きなさい。**

निन्दति √nind【nindati】(ニンダ゛ティ) 非難する、とがめる

रक्षति √rakṣ【rakṣati】(ラクシャティ) 守る、守護する、保護する

शंसति √śaṃs【śaṃsati】(シャムサティ) 歌う、賞賛する、褒める

**次の日本語をサンスクリット語に直しなさい。**

| | |
|---|---|
| 歌う | 褒める |
| 守る | 非難する |
| 賞賛する | 保護する |

## 基礎トレーニング　5

3、直説法現在動詞の活用と用法

√pat （落ちる）

| sg. | du. | pl. |
|---|---|---|
| 1 patāmi | patāvaḥ | patāmaḥ |
| 2 patasi | patathaḥ | patatha |
| 3 patati | patataḥ | patanti |

1 現在の動作・状態あるいは一般的事実・真理を表す。
2 英語のように現在と現在進行形の区別は無い。
3 直説法現在では近い未来（まさに～しようとしている）勧奨（～しよう。 Let's. 1人称複数。）の意味を表す。

例 patāmi （私は、落ちる。）語幹母音 a は、 m または v で始まる語尾の前で延長される。

次のサンスクリット語を音読しながら書きなさい。

पतामि　patāmi（パターミ）　私は落ちる。
बोधामि　bodhāmi（ボーダーミ）私は目覚める。
जयामि　jayāmi（ジャヤーミ）　私は征服する。
भवामि　bhavāmi（バワーミ）　私は～になる。
स्मरामि　smarāmi（スマラーミ）　私は思い出す。
निन्दामि　nindāmi（ニンダーミ）　私は非難する。
जीवामि　jīvāmi（ジーワーミ）　私は生きる。
खादामि　khādāmi（カーダーミ）私は食べる。

次の日本語をサンスクリット語に直し、声に出しながら書きなさい。

| | |
|---|---|
| 私は思い出す | 私は目覚める |
| 私は非難する | 私は征服する |
| 私は生きる。 | 私は～になる |
| 私は食べる。 | 私は思い出す |
| 私は落ちる。 | 私は非難する |
| 私は目覚める | 私は生きる。 |
| 私は征服する | 私は食べる。 |
| 私は～になる | 私は落ちる。 |

## 基礎トレーニング　6

次のサンスクリット語を音読しながら書きなさい。

पतसि　patasi（パタシ）　あなたは落ちる。
चरसि　carasi（チャラシ）　あなたは動く。
रोहसि　rohasi（ローハシ）　あなたは成長する。
नयसि　nayasi（ナヤシ）　あなたは導く。

| | | |
|---|---|---|
| द्रवसि | **dravasi** (ドゥラワシ) | あなたは走る。 |
| सरसि | **sarasi** (サラシ) | あなたは行く。 |
| रक्षसि | **rakṣasi** (ラクシャシ) | あなたは守る。 |
| क्रीडसि | **krīḍasi** (クリーダシ) | あなたは遊ぶ。 |

**次の日本語をサンスクリット語に直し、声に出しながら書きなさい。**

| | |
|---|---|
| あなたは走る。 | あなたは落ちる。 |
| あなたは行く。 | あなたは動く。 |
| あなたは守る。 | あなたは成長する。 |
| あなたは遊ぶ。 | あなたは導く。 |
| あなたは落ちる。 | あなたは走る。 |
| あなたは動く。 | あなたは行く。 |
| あなたは成長する。 | あなたは守る。 |
| あなたは導く。 | あなたは遊ぶ。 |

## 基礎トレーニング 7

伝統的にインドでは３人称単数形は動詞の代表形となっている。

**次のサンスクリット語を音読しながら書きなさい。**

| | | |
|---|---|---|
| पतति | **patati** (パタティ) | 彼は落ちる。 |
| नमति | **namati** (ナマティ) | 彼女は敬礼する。 |
| कर्षति | **karṣati** (カルシャティ) | 彼は引く。 |
| जयति | **jayati** (ジャヤティ) | 彼は征服する。 |
| शंसति | **śaṃsati** (シャムサティ) | 彼は賞賛する。 |
| धावति | **dhāvati** (ダーワティ) | それは走る。 |
| दहति | **dahati** (ダハティ) | 彼は燃やす。 |
| पचति | **pacati** (パチャティ) | 彼女は調理する。 |

**次の日本語をサンスクリット語に直し、声に出しながら書きなさい。**

| | |
|---|---|
| 彼は賞賛する。 | それは落ちる。 |
| それは走る。 | 彼女は敬礼する。 |
| それは燃える。 | 彼は引く。 |
| 彼女は料理する。 | 彼は征服する。 |
| 彼は落ちる。 | 彼は賞賛する。 |
| 彼女は敬礼する。 | 彼は走る。 |
| 彼は引く。 | 彼は燃やす。 |
| 彼は征服する。 | 彼女は調理する。 |

## 基 礎 ト レ ー ニ ン グ 8

語幹母音 a は、 m または v で始まる語尾の前で延長される。

次のサンスクリット語を音読しながら書きなさい。

पतावः patāvaḥ (パターワハ) 私たち二人は落ちる。
खनावः khanāvaḥ (カナーワハ) 私たち二人は掘る。
त्यजावः tyajāvaḥ (ティヤジャーワハ) 私たち二人は捨てる。
भवावः bhavāvaḥ (バワーワハ) 私たち二人はいます。
जीवावः jīvāvaḥ (ジーワーワハ) 私たち二人は生きる。
क्रीडावः krīḍāvaḥ (クリーダーワハ) 私たち二人は遊ぶ。
रक्षावः rakṣāvaḥ (ラクシャーワハ) 私たち二人は守る。
निन्दावः nindāvaḥ (ニンダーワハ) 私たち二人は非難する。

次の日本語をサンスクリット語に直し、声に出しながら書きなさい。

私たち二人は生きる。
私たち二人は遊ぶ。
私たち二人は守る。
私たち二人は非難する
私たち二人は落ちる
私たち二人は掘る。
私たち二人は捨てる
私たち二人はいます。
私たち二人は落ちる。
私たち二人は掘る。
私たち二人は捨てる。
私たち二人はいます。
私たち二人は生きる。
私たち二人は遊ぶ。
私たち二人は保護する。
私たち二人は非難する。

## 基 礎 ト レ ー ニ ン グ 9

次のサンスクリット語を音読しながら書きなさい。

पतथः patathaḥ (パタタハ) あなたがた二人は落ちる。
चलथः calathaḥ (チャラタハ) あなたがた二人は動く。
यजथः yajathaḥ (ヤジャタハ) あなたがた二人は祭祀する。
वपथः vapathaḥ (ワパタハ) あなたがた二人は播く。
बोधथः bodhathaḥ (ボーダタハ) あなたがた二人は目覚める。
नयथः nayathaḥ (ナヤタハ) あなたがた二人は導く。
शंसथः śaṃsathaḥ (シャムサタハ) あなたがた二人は賞賛する。
जीवथः jīvathaḥ (ジーワタハ) あなたがた二人は生きる。

次の日本語をサンスクリット語に直し、声に出しながら書きなさい。

| | |
|---|---|
| あなたがた二人は目覚める。 | あなたがた二人は落ちる。 |
| あなたがた二人は導く。 | あなたがた二人は動く。 |
| あなたがた二人は賞賛する。 | あなたがた二人は祭祀する。 |
| あなたがた二人は生きる。 | あなたがた二人は播く。 |
| あなたがた二人は落ちる。 | あなたがた二人は目覚める。 |
| あなたがた二人は動く。 | あなたがた二人は導く。 |
| あなたがた二人は祭祀する。 | あなたがた二人は賞賛する。 |
| あなたがた二人は播く。 | あなたがた二人は生きる。 |

## 基礎トレーニング 10

次のサンスクリット語を音読しながら書きなさい。

पततः **patataḥ** (パタタハ) 彼ら二人は落ちる。

नमतः **namataḥ** (ナマタハ) 彼女たち二人は敬礼する。

वदतः **vadataḥ** (ワダタハ) 彼ら二人は語る。

वसतः **vasataḥ** (ワサタハ) 彼ら二人は住む。

व्रजतः **vrajataḥ** (ウラジャタハ) 彼ら二人は行く。

स्मरतः **smarataḥ** (スマラタハ) 彼女たち二人は思い出す。

शंसतः **śaṃsataḥ** (シャムサタハ) 彼ら二人は賞賛する。

धावतः **dhāvataḥ** (ダーワタハ) 彼ら二人は走る。

次の日本語をサンスクリット語に直し、声に出しながら書きなさい。

| | |
|---|---|
| 彼ら二人は行く。 | 彼ら二人は落ちる。 |
| 彼女たち二人は思い出す。 | 彼女たち二人は敬礼する。 |
| 彼ら二人は賞賛する。 | 彼ら二人は語る。 |
| 彼ら二人は走る。 | 彼ら二人は住む。 |
| 彼ら二人は落ちる。 | 彼ら二人は行く。 |
| 彼女たち二人は敬礼する。 | 彼女たち二人は思い出す。 |
| 彼ら二人は語る。 | 彼ら二人は賞賛する。 |
| 彼ら二人は住む。 | 彼ら二人は走る。 |

## 基礎トレーニング 11

語幹母音 a は、 m または v で始まる語尾の前で延長される。

次のサンスクリット語を音読しながら書きなさい。

पतामः patāmaḥ (パターマハ) 私達は落ちる。

रोहामः rohāmaḥ (ローハーマハ) 私達は成長する。

कर्षामः karṣāmaḥ (カルシャーマハ) 私達は引く。

नयामः nayāmaḥ (ナヤーマハ) 私達は導く。

स्मरामः smarāmaḥ (スマラーマハ) 私達は思い出す。

निन्दामः nindāmaḥ (ニンダーマハ) 私達は非難する。

शंसामः śaṃsāmaḥ (シャムサーマハ) 私達は賞賛する。

त्यजामः tyajāmaḥ (ティヤジャーマハ) 私達は捨てる。

次の日本語をサンスクリット語に直し、声に出しながら書きなさい。

私達は思い出す。

私達は非難する。

私達は賞賛する。

私達は捨てる。

私達は落ちる。

私達は成長する。

私達は引く。

私達は持っていく。

私達は落ちる。

私達は成長する。

私達は引く。

私達は導く。

私達は思い出す。

私達は非難する。

私達は賞賛する。

私達は捨てる。

## 基礎トレーニング 12

次のサンスクリット語を音読しながら書きなさい。

पतथ patatha (パタタ) あなた達は落ちる。

पचथ pacatha (パチャタ) あなた達は料理する。

वहथ vahatha (ワハタ) あなた達は運ぶ。

कर्षथ karṣatha (カルシャタ) あなた達は引く。

द्रवथ dravatha (ドゥラワタ) あなた達は走る。

जयथ jayatha (ジャヤタ) あなた達は征服する。

रक्षथ rakṣatha (ラクシャタ) あなた達は守る。

क्रीडथ krīḍatha (クリーダタ) あなた達は遊ぶ。

次の日本語をサンスクリット語に直し、声に出しながら書きなさい。

| | |
|---|---|
| あなた達は走る。 | あなた達は落ちる。 |
| あなた達は征服する。 | あなた達は料理する。 |
| あなた達は守る。 | あなた達は運ぶ。 |
| あなた達は遊ぶ。 | あなた達は引く。 |
| あなた達は落ちる。 | あなた達は守る。 |
| あなた達は料理する。 | あなた達は遊ぶ。 |
| あなた達は運ぶ。 | あなた達は走る。 |
| あなた達は引く。 | あなた達は征服する。 |

## 基礎トレーニング 13

a で始まる人称語尾の前で語幹母音 a は、消滅する。

（例）　pata（語幹） ＋ anti（人称語尾） ＝ patanti

次のサンスクリット語を音読しながら書きなさい。

| | | | |
|---|---|---|---|
| पतन्ति | patanti | (パタンティ) | 彼らは落ちる。 |
| चरन्ति | caranti | (チャランティ) | 彼女達は動く。 |
| वदन्ति | vadanti | (ワダンティ) | 彼らは語る。 |
| बोधन्ति | bodhanti | (ボーダンティ) | 彼女達は目覚める。 |
| भवन्ति | bhavanti | (バワンティ) | それらはある。 |
| रक्षन्ति | rakṣanti | (ラクシャンティ) | 彼らは守る。 |
| निन्दन्ति | nindanti | (ニンダンティ) | 彼女達は非難する。 |
| खादन्ति | khādanti | (カーダンティ) | 彼らは食べる。 |

次の日本語をサンスクリット語に直し、声に出しながら書きなさい。

| | |
|---|---|
| それらはある。 | 彼女達は非難する。 |
| 彼らは守る。 | 彼らは食べる。 |
| 彼女達は非難する。 | 彼らは落ちる。 |
| 彼らは食べる。 | 彼女達は動く。 |
| 彼らは落ちる。 | 彼らは語る。 |
| 彼女達は動く。 | 彼女達は目覚める。 |
| 彼らは語る。 | それらはある。 |
| 彼女達は目覚める。 | 彼らは守る。 |

## 2 ポイント

**新しい単語**

√kṛṣ 【karṣati】 ①引く

√krīḍ 【krīḍati】 ① 遊ぶ、楽しむ、戯れる

√khan 【khanati】 ①掘る

√khād 【khādati】 ①食べる

√car 【carati】 ①行く、行なう、実行する、歩む、動く

√cal 【calati】 ①動く、揺れる、進む

√ji 【jayati】 ①勝つ、征服する

√jīv 【jīvati】 ①生きる

√tyaj 【tyajati】 ①捨てる、去る

√dah 【dahati】 ①燃やす、焼く、焼き尽くす、焦がす、悩ます

√dru 【dravati】 ①走る、急ぐ、溶かす、襲う

√dhāv 【dhāvati】 ①走る、流れる、突進する

√nam 【namati】 ①～にお辞儀する、曲げる、敬礼する、帰命する

√nind 【nindati】 ①非難する、とがめる

√nī 【nayati】 ①導く、連れていく、案内する、持っていく

√pac 【pacati】 ①煮る、成熟させる、調理する、料理する

√pat 【patati】 ①落ちる

√budh 【bodhati】 ①目覚める、知る、学ぶ

√bhū 【bhavati】 ①～である、～になる

√bhram 【bhramati】 ①散歩する、迷う、歩き回る

√rakṣ 【rakṣati】 ①守る、守護する、保護する

√ruh 【rohati】 ①成長する、繁茂する

√vad 【vadati】 ①語る、話す

√vap 【vapati】 ①振りまく、播く、種をまく

√vas 【vasati】 ①住む、留まる、存在する

√vah 【vahati】 ①運ぶ、流れる、曳く、もたらす

√vraj 【vrajati】 ①行く

√śaṃs 【śaṃsati】 ①歌う、賞賛する、褒める

√sṛ 【sarati】 ①行く、移動する、ずれる、流れる

√smṛ 【smarati】 ①思い出す、記憶する、心にとどめる

能動態【 parasmaipada 】、第１類動詞　直説法現在の人称語尾変化

| | 単数 | 両数 | 複数 |
|---|---|---|---|
| 1 ［私］ | mi | vaḥ | maḥ |
| 2 ［あなた］ | si | thaḥ | tha |
| 3 ［彼］ | ti | taḥ | anti |

（１人称、単数・両数・複数）語幹母音 a は、
m または v で始まる語尾の前で延長される。
（３人称、複数）
a で始まる人称語尾の前で語幹母音 a は、
消滅する。

直説法現在　動詞の活用と用法

√pat （落ちる）

| sg. | du. | pl. |
|---|---|---|
| 1 patāmi | patāvaḥ | patāmaḥ |
| 2 patasi | patathaḥ | patatha |
| 3 patati | patataḥ | patanti |

1 現在の動作・状態あるいは一般的事実・真理を表す。
2 英語のように現在と現在進行形の区別は無い。
3 直説法現在では近い未来（まさに～しようとしている）勧奨（～しよう。 Let's. １人称複数。）の意味を表す。

**トレーニング**

**次のサンスクリット語を日本語に直しなさい。** ［解答は、下の応用トレーニングを参照］

1. सरामि　1. sarāmi
2. त्यजन्ति　2. tyajanti
3. जीवामः　3. jīvāmaḥ
4. शंसतः　4. śaṃsataḥ
5. पचसि　5. pacasi
6. रक्षथ　6. rakṣatha
7. खादावः　7. khādāvaḥ
8. वदति　8. vadati
9. रोहथः　9. rohathaḥ
10. कर्षन्ति　10. karṣanti
11. खनामि　11. khanāmi
12. चरामः　12. carāmaḥ
13. जयतः　13. jayataḥ
14. जीवसि　14. jīvasi

## 応用トレーニング

**次の日本語をサンスクリット語に直しなさい。** ［解答は、上のトレーニングを参照］

1. 私は、行く。
2. 彼らは、捨てる。
3. 私達は、生きる。
4. 彼ら二人は、賞賛する。
5. あなたは、調理する。
6. あなた達は、守る。
7. 私達二人は、食べる。
8. 彼は、語る。
9. あなた達二人は、成長する。
10. 彼らは、引く。
11. 私は、掘る。
12. 私達は、動く。
13. 彼ら二人は、勝つ。
14. あなたは、生きる。

## 註解の使い方

**例　（『上巻』の１１８ページより）**

（訳）王は、身体を宝石で飾る。

नृपः शरीरं रत्नैर्भूषयति

**nṛpaḥ śarīraṃ ratnair bhūṣayati**

**上記の文章は註解において以下のユニットに対応する。**

| | | |
|---|---|---|
| (1.118) | nṛpaḥ | (N.sg.) nṛpa (m.) 王（は） |
| (1.118) | śarīram | (Ac.sg.) śarīra (n.) 身体（を） (–aṃ → –am) |
| (1.118) | ratnaiḥ | (I.pl.) ratna (n.) 宝石（で） (–air → –aiḥ) |
| (1.118) | bhūṣayati | (3.sg.pres.) √bhūṣ (10P) 飾る |

（空白行）

このように１つのユニットが、１文を分解した単語で構成される。

| | |
|---|---|
| (1.118) | 『上巻』の１１８ページ目の文章 |
| (n.) | 中性名詞 |
| (I.pl.) | 具格．複数 |
| | |
| ratna (n.) | 辞書の見出し語．中性名詞 |
| 宝石（で） | 『宝石』＝　名詞の意味。（で）＝　格の意味 |
| | |
| (3.sg.pres.) | ３人称．単数．現在形 |
| √bhūṣ (10.P.) | 辞書の見出し語（語根）．第１０類動詞 Parasmaipada |
| (-air → -aiḥ) | sandhi 規則を示す |

## トレーニング

| | | |
|---|---|---|
| (1.37) | sarāmi | (1.sg.pres.) √sṛ (1P)（私は）行く |
| (1.37) | tyajanti | (3.pl.pres.) √tyaj (1P)（彼らは）捨てる |
| (1.37) | jīvāmaḥ | (1.pl.pres.) √jīv (1P)（私達は）生きる |
| (1.37) | śaṃsataḥ | (3.du.pres.) √śaṃs (1P)（彼ら二人は）称賛する |
| (1.37) | pacasi | (2.sg.pres.) √pac (1P)（あなたは）調理する |
| (1.37) | rakṣatha | (2.pl.pres.) √rakṣ (1P)（あなたたちは）守る |
| (1.37) | khādāvaḥ | (1.du.pres.) √khād (1P)（私たち二人は）食べる |
| (1.37) | vadati | (3.sg.pres.) √vad (1P)（彼は）語る |
| (1.37) | rohathaḥ | (2.du.pres.) √ruh (1P)（あなたたち二人は）成長する |
| (1.37) | karṣanti | (3.pl.pres.) √kṛṣ (1P)（彼らは）引く |
| (1.37) | khanāmi | (1.sg.pres.) √khan (1P)（私は）掘る |
| (1.37) | carāmaḥ | (1.pl.pres.) √car (1P)（私たちは）動く |
| (1.37) | jayataḥ | (3.du.pres.) √ji (1P)（彼ら二人は）勝つ |
| (1.37) | jīvasi | (2.sg.pres.) √jīv (1P)（あなたは）生きる |

# 第　3　課　　名詞・形容詞の語形変化　　　主格・目的格

## 1、名詞・形容詞の語形変化は数、性、格によって規定されます。

広い意味での名詞 (Noun) は実名詞 (Substantive) と形容詞 (Adjective) とを含み、特に必要のある場合以外は両者を区別する必要はない。

**数** 動詞と同じように単数 (sg.) ・両数 (du.) ・複数 (pl.) の区別があります。
若干の名詞は複数のみに用いられます。　　例　āpaḥ 水

**性** 名詞には、すべて男性 (m.) ・女性 (f.) ・中性 (n.) の区別があります。
名詞の性別は必ずしも自然の性別とは一致しませんから、
一つ一つ覚えていくようにしましょう。

**格** 7種の区別があり呼格 (Vocative, V.) を加えて8種となります。

| | | | |
|---|---|---|---|
| 主格 | Nominative | N. | 主語、述語　[～が] |
| 目的格 | Accusative | Ac. | 動詞の目的語、方向（～へ to, towards）、[～を、に]<br>時間の継続 (during) 距 離 |
| 具格 | Instrumental | I. | 用具、手段（～をもって、～によって by means of）、<br>動作者 (by)、原因、理由、同伴、結合（一緒に with） |
| 与格 | Dative | D. | 間接目的語、利害、目的（～のために for the sake of）、<br>方向（～へ to） |
| 従格 | Ablative | Ab. | 分離、反発（～から from）<br>原因、理由、比較（～より than） |
| 属格 | Genitive | G. | 所属、所有（～の of）、動作者（～にとって for, as for）また<br>受動態の I. あるいは間接目的語的 D. のように用いられる。 |
| 依格 | Locative | L. | 空間、時間における広義の位置 (at, in, on, among)　[～に] |
| 呼格 | Vocative | V. | 呼び掛け [～よ] |

## 2、母音語幹の名詞

母音語幹はおのおの特徴ある変化をなし格語尾はしばしば基本形と異なる。

また語幹の末音と語尾とが融合して特別の形を呈することがある。 ※内連声

### (1) a 語幹（ a で終わる母音語幹の名詞）

a 語幹は男性形 (m.) と中性形 (n.) の２種類ある。

a 語幹の男性、中性名詞は主格・目的格・呼格以外、同じ変化をする。

| | devaḥ（m.）（神） | | | phalam（n.）（果実） | | |
|---|---|---|---|---|---|---|
| | sg. | du. | pl. | sg. | du. | pl. |
| N. | devaḥ | devau | devāḥ | phalam | phale | phalāni |
| Ac. | devam | devau | devān | phalam | phale | phalāni |
| I. | devena | devābhyām | devaiḥ | phalena | phalābhyām | phalaiḥ |
| D. | devāya | devābhyām | devebhyaḥ | phalāya | phalābhyām | phalebhyaḥ |
| Ab. | devāt | devābhyām | devebhyaḥ | phalāt | phalābhyām | phalebhyaḥ |
| G. | devasya | devayoḥ | devānām | phalasya | phalayoḥ | phalānām |
| L. | deve | devayoḥ | deveṣu | phale | phalayoḥ | phaleṣu |
| V. | deva | devau | devāḥ | phala | phale | phalāni |

名詞の性を覚えるいちばんの早道は、「単数・主格の活用形で覚えること」。
この課で、主格・目的格の２つの格変化を確実に覚えてしまいましょう。

まず男性名詞から学習しましょう。

**基礎トレーニング 1**

次の男性名詞を音読しながら書きなさい。

अश्वः aśvaḥ (アシュワハ) 牡の馬

आचारः ācāraḥ (アーチャーラハ) 善行、行為、行儀、習慣、作法

कपोतः kapotaḥ (カポータハ) 鳩

करः karaḥ (カラハ) 手

काकः kākaḥ (カーカハ) 烏（カラス）

कूपः kūpaḥ (クーパハ) 井戸

ग्रामः grāmaḥ (グラーマハ) 村

जनः janaḥ (ジャナハ) 人、人々

| | | |
|---|---|---|
| जनकः | janakaḥ (ジャナカハ) | 父 |
| दासः | dāsaḥ (ダーサハ) | 召使い、下僕 |
| देवः | devaḥ (デーワハ) | 神、閣下、王様 |
| देशः | deśaḥ (デーシャハ) | 国、地域、場所、地方、土地 |
| नरः | naraḥ (ナラハ) | 男、人 |
| नृपः | nṛpaḥ (ヌリパハ) | 王様 |
| पर्वतः | parvataḥ (パルワタハ) | 山 |
| पुत्रः | putraḥ (プトゥラハ) | 息子、子供 |
| बालः | bālaḥ (バーラハ) | 少年、子供 |
| मेघः | meghaḥ (メーガハ) | 雲 |
| वीरः | vīraḥ (ウィーラハ) | 英雄、勇者 |
| वृक्षः | vṛkṣaḥ (ウリクシャハ) | 木、樹木 |
| रामः | rāmaḥ (ラーマハ) | ラーマ（人名） |

次の日本語をサンスクリット語に直し、声に出しながら書きなさい。

| | |
|---|---|
| 作法 | 国 |
| 行為 | 男 |
| 王様 | 行儀 |
| 手 | ラーマ |
| 烏（カラス） | 息子 |
| 井戸 | 少年 |
| 子供 | 地域 |
| 人々 | 英雄 |
| 父 | ラーマ |
| 樹木 | 牡の馬 |
| 国 | 善行 |
| 男 | 鳩 |
| 王 | 場所 |
| 山 | 勇者 |
| 息子 | 習慣 |
| 土地 | 村 |
| 雲 | 人 |
| 地方 | 下僕 |
| 木 | 閣下 |
| 召使い | 神 |

## 基礎トレーニング 2

次の中性名詞を音読しながら書きなさい。

| | | |
|---|---|---|
| अन्नम् | annam（アンナム） | 食べ物、ご飯 |
| इन्धनम् | indhanam（インダナム） | 燃料、薪、まき |
| कनकम् | kanakam（カナカム） | 黄金 |
| कमलम् | kamalam（カマラム） | 蓮華、ハス |
| जलम् | jalam（ジャラム） | 水 |
| तृणम् | tṛṇam（トゥリナム） | 草、藁、つまらないもの |
| दुःखम् | duḥkham（ドゥフカム） | 苦、不幸、苦しみ |
| पत्रम् | patram（パトゥラム） | （書くための）葉、手紙、羽 |
| पात्रम् | pātram（パートゥラム） | 容器、瓶、壺 |
| फलम् | phalam（パラム） | 果物、果実 |
| वनम् | vanam（ワナム） | 森 |
| शरीरम् | śarīram（シャリーラム） | 肉体、身体、骨 |
| शास्त्रम् | śāstram（シャーストゥラム） | 聖典、経典、書物 |
| शीलम् | śīlam（シィーラム） | 良い行為、良い振舞、習慣、気質、性格、徳 |
| सुखम् | sukham（スカム） | 喜び、幸福、楽しみ、快適、心地好い |
| स्थानम् | sthānam（スターナム） | 場所、住居 |

次の日本語をサンスクリット語に直し、声に出しながら書きなさい。

| | |
|---|---|
| ご飯 | 瓶・壺 |
| 薪 | 果実 |
| 黄金 | 森 |
| 骨 | 身体 |
| 水 | 経典 |
| 草 | 徳 |
| 苦しみ | 楽しみ・心地よい |
| 葉 | 不幸・苦 |
| 容器 | 食べ物 |
| 果物 | 燃料 |
| 森 | 良い行為（振舞） |
| 肉体 | ハス・蓮華 |
| 書物・聖典 | 習慣・気質 |
| 性格 | 藁・つまらないもの |
| 幸福・快適 | 不幸 |
| 場所・住居 | 手紙・羽 |

## 基礎トレーニング 3

次のサンスクリット語の格変化をしなさい。

| 1 | sg. | du. | pl. |
|---|---|---|---|
| N. | grāmaḥ | | |
| Ac. | | | |

| 2 | sg. | du. | pl. |
|---|---|---|---|
| N. | sukham | | |
| Ac. | | | |

| 3 | sg. | du. | pl. |
|---|---|---|---|
| N. | meghaḥ | | |
| Ac. | | | |

| 4 | sg. | du. | pl. |
|---|---|---|---|
| N. | kamalam | | |
| Ac. | | | |

| 5 | sg. | du. | pl. |
|---|---|---|---|
| N. | kapotaḥ | | |
| Ac. | | | |

| 6 | sg. | du. | pl. |
|---|---|---|---|
| N. | śarīram | | |
| Ac. | | | |

### 3、格の用法

述語動詞は、主語の人称と数に一致して使われる。

bālaḥ patati 少年一人が ＝ 主語 (m.N.sg.) 落ちる。＝ 述語 (√pat .3.sg.)

bālau patataḥ 少年二人が ＝ 主語 (m.N.du.) 落ちる。＝ 述語 (√pat .3.du.)

bālāḥ patanti 少年達が ＝ 主語 (m.N.pl.) 落ちる。＝ 述語 (√pat .3.pl.)

### 4、主格 (N.)

(1) 文の主語 (subject) として janakaḥ (m.N.sg.) nayati (√nī 3.sg.) 父が導く。

(2) 文の述部（主格補語） (predicate) として

putrāḥ (m.N.pl.) bhavanti (√bhū 3.pl.) vīrāḥ (m.N.pl.) 息子達は英雄になる。

(3) 同格語 (apposition) として

rāmaḥ (m.N.sg.) vīraḥ (m.N.sg.) jayati (√jī 3.sg.) 英雄ラーマは勝つ。

(4) 題目、表題として

prajñāpāramitā-hṛdaya-sūtram (n.N.sg.) 般若波羅蜜多心経

### 5、目的格 (Ac.)

(1) 動詞の目的語として janakaḥ putrān (Ac.pl.) nayati 父は息子達を導く。

(2) 目的格補語として rāmam (Ac.sg.) vīram (Ac.sg.) bodhāmaḥ (√budh 1.pl.)

ラーマを英雄として我々は、知っている。

(3) 移動・運動を示す動詞の到着点・方向

移動・運動を示す動詞と共に用いられ、目的地・目標を示す。

実際の移動のほか比喩的表現にも用いられる。

dāsaḥ (N.sg.) kūpam (Ac.sg.) gacchati (√gam 3.sg.) 召使いは井戸に行く。

(4) 目的格を支配する前置詞 (prepositions) ならびに前置詞的副詞 (prepositional adverbs) と共に用いられる。これらは前置詞として使われる場合と後置詞 (post-position) として使われる場合があるが広い意味で前置詞という名で使用する。

ati (+Ac.) ［〜を越えて、〜の上に］

anu (+Ac.) ［〜に沿って along 、〜に従って、〜に続いて、〜の後に］ (after,along)

(Ac.+) anu ［〜の後、（空間・時間について）、〜の方へ、〜に対して、〜ごとに（配分）］

abhi (+Ac.) ［〜の近くに、〜の方へ（方向）、〜ごとに（配分）］

upa (+Ac.) ［〜近くに、〜の下に、〜の後に］

abhitaḥ (+Ac.) ［〜両側に、回って、〜の前に、〜近くに］ (near,in front of)

paritaḥ (+Ac.) ［〜回って、〜の周りに］ (around)

sarvataḥ (+Ac.) ［いたる所から、回って］ (on all sides of)

ubhayataḥ (+Ac.) ［両側に、両方から］ (on both sides of)

samayā , nikaṣā (+Ac.) ［〜の近くに］

vinā (+Ac.) ［〜なしに、除いて］ (without)

antareṇa (+Ac.) ［〜の間に、なしに、除いて、〜に関して］ (without,concerning)

antarā (+Ac.) ［〜に関して、なしに、の間に］

(Ac.+) prati ［〜方に、〜に向かって、対して、関して（使用範囲が極めて広い）］ (to,towards)

(5) 間投詞 dhik は、 Ac. または G. と共に用いられて不満・非難・悲嘆を表わす。

dhik おや おや、まあ、何とこれは、こら！ (+Ac.)

> 古典期において前置詞あるいは前置詞的機能をもつ副詞の位置は、原則として自由であるが
> 厳格な散文では通例後置される。 vinā のごときは、両方の位置をとるが
> 少なくとも散文において vinā は通常後置される。

## 基礎トレーニング 4

**次のサンスクリット語を音読しながら書きなさい。**

१ अति +Ac. 1. ati +Ac.

२ अनु +Ac. 2. anu +Ac.

३ Ac.+ अनु 3. Ac.+ anu

४ अभि 4. abhi

५ उप 5. upa

६ अभितः 6. abhitaḥ

७ परितः 7. paritaḥ

८ सर्वतः 8. sarvataḥ

९ उभयतः 9. ubhayataḥ

१० धिक्　10. dhik
११ समया +Ac.　11. samayā +Ac.
१२ निकषा +Ac.　12. nikaṣā +Ac.
१३ विना +Ac.　13. vinā +Ac.
१४ अन्तरेण +Ac.　14. antareṇa +Ac.
१५ अन्तरा +Ac.　15. antarā +Ac.
१६ Ac.+ प्रति　16. Ac.+ prati

## 6、連声法［れんじょうほう］（sandhi rules）

サンスクリットにおいては文中または語中に起こる音の連結【sandhi】に関する規則を総称して連声法と呼ぶ。これには二種の区別がある。

もともと発音を円滑にし容易にすることをめざした結果で、母音に関してはその連続を避け、子音においては同化作用に重きを置いている。

(1) 【外連声】（external sandhi）　文章中に連続する単語または複合語の構成要素をなす単語の語末と語頭との間に起こるもの。

単 語 外 部 の 変 化　［単語・複合語］［語末］＋［語頭］［単語・複合語］

外連声

(2) 【内連声】（internal sandhi）　単語の派生または名詞の格変化・動詞の人称変化に際して語根部あるいは語幹部と接尾辞あるいは語尾との間に音変化が起こるもの。

単 語 内 部 の 変 化

［語根部（語幹部）＋接尾辞（語尾）］

内連声

これら2種の連声法には根本的な相違はなく、共通点も多いが、他の面においてその結果を異にする場合も少なくない。

## 7、休止位置［絶対語末］（文の最後の位置）の子音

(1) 原則として休止位置には唯1個の子音のみ許される。

(2) 許される子音は k, ṭ, t, p, ṅ, n, m, ḥ（極めて希に ṇ, l）

## 8、　−m の変化【外連声】

−m ＋ 母音− → 無変化　　kim　atra　→　kimatra

−m ＋ 子音− →　−ṃ ＋ 子音−　［子音の前では一般に【anusvāra】となる］

rāmam vīram bodhāmi → rāmaṃ vīraṃ bodhāmi

9、 –ḥ【visarga】の変化 【外連声】 （ –s は、休止位置（文末）において常に –ḥ となる）

【無声音とは k–, kh–, c–, ch–, ṭ–, ṭh–, t–, th–, p–, ph–, ś–, ṣ–, ś– のことである。】

(1) （ –ḥ が無声音の前では）

–ḥ ＋ k–, kh–, p–, ph– → 無変化

putraḥ khanati / janāḥ patanti

(2) （ –ḥ が無声音の前では）

–ḥ ＋ ś–, ṣ–, s– →無変化 または ḥ が同化されてそれぞれ ś, ṣ, s となる。

bālaḥ sarati or bālassarati

rāmaḥ śaraṇam or rāmaśśaraṇam

(3) （ –ḥ が無声音の前では）

–ḥ ＋ c–, ch– → –ś ＋ c–, ch–

janāḥ calanti → janāścalanti

(4) （ –ḥ が無声音の前では）

–ḥ ＋ ṭ–, ṭh– → –ṣ ＋ ṭ–, ṭh–

paṭhataḥ ṭīkām → paṭhataṣṭīkām

(5) （ –ḥ が無声音の前では）

–ḥ ＋ t–, th– → –s ＋ t–, th–

putraḥ tarati → putrastarati

10、 –āḥ の変化 【外連声】

【有声音とは、母音と有声子音 g–, gh–, ṅ–, j–, jh–, ñ–, ḍ–, ḍh–, ṇ–, d–, dh–, n–, b–, bh–, m–, y–, r–, l–, v– のことである。】

–āḥ ＋ 有声音（母音、子音も含む） → –ā ＋ 有声音 ［ ḥ は消滅する］

(1) （有声子音の場合） bālāḥ dhāvanti → bālā dhāvanti

(2) （母音の場合） janāḥ aṭanti → janā aṭanti

11、 –aḥ の変化 【外連声】

(1) –aḥ ＋ 有声子音 → –o ＋ 有声子音

putraḥ dhāvati → putro dhāvati

(2) –aḥ ＋ a 以外の母音 → –a ＋ a 以外の母音

dhāvataḥ ākulau → dhāvata ākulau

(3) –aḥ ＋ a– → –o ’–

語頭の a が規則に従って省略される場合には【avagraha】符号【 ’ 】［ ऽ ］が用いられる。

dhāvataḥ aśvau → dhāvato’śvau धावतोऽश्वौ

## 3 ポイント

**新しい単語**

annam 食べ物、ご飯
aśvaḥ 牡の馬
ācāraḥ 善行、行為、行儀
indhanam 燃料、薪、まき
kanakam 黄金
kapotaḥ 鳩
kamalam 蓮華、ハス
karaḥ 手
kākaḥ 烏（カラス）
kūpaḥ 井戸
grāmaḥ 村
janaḥ 人
janakaḥ 父
jalam 水
tṛṇam 草、藁、つまらないもの
dāsaḥ 召使い、下僕
duḥkham 不幸、苦しみ
devaḥ 神、閣下
deśaḥ 国、地方、土地
naraḥ 男、人
nṛpaḥ 王様
patram （書くための）葉、貝葉、手紙
parvataḥ 山
pātram 容器、瓶、壷
putraḥ 息子、子供
phalam 果物、果実
bālaḥ 少年、子供
meghaḥ 雲
anu (Ac.+) ～の後、［空間・時間について］ ～の方へ、～に対して、～ごとに（+Ac.)
anu (+Ac.) ～に沿って、～に従って
prati (Ac.+) ～方に、～に向かって、～に対して、～に関して

rāmaḥ ラーマ
vanam 森
vīraḥ 英雄、勇者
vṛkṣaḥ 木、樹木
śarīram 肉体
śāstram 聖典、経典
śīlam 性格、徳、良い行為、戒律
sukham 幸福、楽しみ、快適、心地好い
sthānam 場所、住居

**（Ａｃ）を支配する前置詞**

ati (+Ac.) ～を越えて、～の上に、～に勝る
antarā (+Ac.) ～に関して、なしに、の間に
antareṇa (+Ac.) ～の間に、なしに、除いて
abhi ～近くに、～の方へ［方向］、～ごとに（+Ac.)
abhitaḥ ～両側に、回って、の近くに、の前（+Ac.)
upa ～近くに、～下に、～の後に、～に劣る（+Ac.)
ubhayataḥ ～の両側に、～の両方から（+Ac.)
dhik おや おや、まあ、何とこれは、こら！（+Ac.)
nikaṣā (+Ac.) ～の近くに、～の側で
paritaḥ ～回って、の周りに（+Ac.)
vinā (+Ac.) ～なしに、除いて
sarvataḥ いたる所から、あちこちに（+Ac.)
samayā (+Ac.) ～の近くに、～の側で

休止位置［絶対語末］（文の最後の位置）の子音

(1) 原則として休止位置には唯１個の子音のみ許される。

(2) 許される子音は k, ṭ, t, p, ṅ, n, m, ḥ （極めて希に ṇ, l ）

–m の変化【外連声】

–m ＋ 母音– → 無変化

–m ＋ 子音– → –ṃ ＋ 子音– ［子音の前では一般に【anusvāra】となる］

語末 –ḥ【visarga】の変化 【外連声】 （ –s は、休止位置において常に –ḥ となる）

–ḥ ＋ k–, kh–, p–, ph– → 無変化

–ḥ ＋ ś–, ṣ–, s– → 無変化

–ḥ ＋ c–, ch– → –ś ＋ c–, ch–

–ḥ ＋ ṭ–, ṭh– → –ṣ ＋ ṭ–, ṭh–

–ḥ ＋ t–, th– → –s ＋ t–, th–

–āḥ の変化 【外連声】

–āḥ ＋ 有声音（母音、子音も含む） → –ā ＋ 有声音 ［ ḥ は消滅する］

–aḥ の変化 【外連声】

–aḥ ＋ 有声子音 → –o ＋ 有声子音

–aḥ ＋ a 以外の母音 → –a ＋ a 以外の母音

–aḥ ＋ a– → –o ’–

**サンスクリット訳へのテクニック**

| | | | | |
|---|---|---|---|---|
| 村の | まわりに | ２人の召使いが、 | 馬達を | 導く。 |
| (m.sg.Ac.) | (prep.Ac. 支配 ) | (m.du.N.) | (m.pl.Ac.) | ( √nī 3.du.) |
| | | 述語は主語の人称と数に一致 | | |
| grāmam | paritaḥ | dāsau | aśvān | nayataḥ |
| grāmaṃ | parito | dāsau | aśvān | nayataḥ【sandhi】規則 |

## トレーニング

次のサンスクリットを **sandhi** 規則で結びなさい。

1. nṛpaḥ jayati (ヌリパハ　ジャヤティ)
2. bālāḥ dhāvanti (バーラーハ　ダーワンティ)
3. tṛṇam khādati (トゥリナム　カーダティ)
4. naraḥ tyajati (ナラハ　ティヤジャティ)
5. janāḥ calanti (ジャナーハ　チャランティ)
6. bālaḥ janam smarati (バーラハ　ジャナム　スマラティ)
7. aśvaḥ annam khādati (アシュワハ　アンナム　カーダティ)
8. grāmam abhitaḥ vṛkṣāḥ rohanti (グラーマム　アビタハ　ウリクシャーハ　ローハンティ)

［解答］ 1 nṛpo jayati 2 bālā dhāvanti 3 tṛṇaṃ khādati 4 narastyajati 5 janāścalanti 6 bālo janaṃ smarati 7 aśvo ’nnaṃ khādati 8 grāmamabhito vṛkṣā rohanti

## トレーニング 1

次のサンスクリット語を日本語に直しなさい。 ［解答は、応用トレーニング1を参照］

1. अश्वाः पर्वतं प्रति धावन्ति aśvāḥ parvataṃ prati dhāvanti
(アシュワーハ　パルワタム　プラティ　ダーワンティ)
2. ग्रामं सर्वतो वृक्षा रोहन्ति grāmaṃ sarvato vṛkṣā rohanti
(グラーマム　サルワトー　ウリクシャー　ローハンティ)
3. कूपं निकषा दासौ वदतः kūpaṃ nikaṣā dāsau vadataḥ
(クーパム　ニカシャー　ダーサウ　ワダタハ)
4. कनकं विना शरीरं जीवति kanakaṃ vinā śarīraṃ jīvati
(カナカム　ウィナー　シャリーラム　ジーワティ)
5. पर्वतं परितः कमलानि रोहन्ति parvataṃ paritaḥ kamalāni rohanti
(パルワタム　パリタハ　カマラーニ　ローハンティ)

6. पात्रे ऽन्तरा कपोतः पत्रं त्यजति pātre 'ntarā kapotaḥ patraṃ tyajati

(パートゥレー　アンタラー　カポータハ　パトゥラム　ティヤジャティ)

7. अन्नमन्तरेण कमलं रोहति annam antareṇa kamalaṃ rohati

(アンナム　アンタレーナ　カマラム　ローハティ)

8. स्थानमभितो दासः फलानि पचति sthānam abhitaḥ dāsaḥ phalāni pacati

(スターナム　アビタハ　ダーサハ　パラーニ　パチャティ)

## トレーニング 2

次のサンスクリット語を日本語に直しなさい。

1. काकः फलानि खादति kākaḥ phalāni khādati

(カーカハ　パラーニ　カーダティ)

2. जलं द्रवति jalaṃ dravati

(ジャラム　ドゥラワティ)

3. दुःखं स्मरतः duḥkhaṃ smarataḥ

(ドゥフカム　スマラタハ)

4. नृप आचारं शंसति nṛpa ācāraṃ śaṃsati

(ヌリパ　アーチャーラム　シャムサティ)

5. जना जीवन्ति janā jīvanti

(ジャナー　ジーワンティ)

6. देशं त्यजावः deśaṃ tyajāvaḥ

(デーシャム　ティヤジャーワハ)

7. शीलं बोधामि śīlaṃ bodhāmi

(シィーラム　ボーダーミ)

8. सुखं दुःखं जयति sukhaṃ duḥkhaṃ jayati

(スカム　ドゥフカム　ジャヤティ)

## トレーニング 3

次のサンスクリット語を日本語に直しなさい。

1. नर इन्धनं वहति nara indhanaṃ vahati

(ナラ　インダ゛ナム　ワハティ)

2. कपोतः करं त्यजति kapotaḥ karaṃ tyajati

(カポ゜ータハ　カラム　ティヤジ゛ャティ)

3. जनोऽन्नं पचति jano 'nnaṃ pacati

(ジ゛ャノー　アンナム　ハ゜チャティ)

4. अश्वास्तृणं खादन्ति aśvās tṛṇaṃ khādanti

(アシュワース　トゥリナム　カーダ゛ンティ)

5. मेघाः सरन्ति meghāḥ saranti

(メーガ゛ーハ　サランティ)

6. धिक् बालम् dhik bālam

(デ゛ィク　バ゛ーラム)

7. नरस्तृणं वपति naraḥ tṛṇaṃ vapati

(ナラハ　ツリナム　ワハ゜ティ)

## トレーニング 4

次のサンスクリット語を日本語に直しなさい。

1. पर्वतमुभयतो नृपो वृक्षान्दहति parvatam ubhayato nṛpo vṛkṣān dahati

(ハ゜ルワタム　ウバ゛ヤトー　ヌリポ゜ー　ウリクシャーン　ダ゛ハティ)

2. अनु नृपं दासो व्रजति anu nṛpaṃ dāso vrajati

(アヌ　ヌリハ゜ム　ダ゛ーソー　ウラジ゛ャティ)

3. अनु शास्त्रं बालौ नृपं नमतः anu śāstraṃ bālau nṛpaṃ namataḥ

(アヌ　シャーストゥラム　バ゛ーラウ　ヌリハ゜ム　ナマタハ)

4. वनं समया वसामः vanaṃ samayā vasāmaḥ

(ワナム　サマヤー　ワサーマハ)

5. अति कनकं सुखम् ati kanakaṃ sukham

(アティ　カナカム　スカム)

6. उप देशं नृपः upa deśaṃ nṛpaḥ

(ウハ゜　デ゛ーシャム　ヌリハ゜ハ)

## 応用トレーニング　1

次の日本語をサンスクリット語に直しなさい。

1. 馬（pl.）は、山に向かって走る。
2. 村の至る所に木（pl.）が生えている。
3. 井戸の近くで二人の召使いが話している。
4. 黄金なしに、肉体は生きる。
5. 山のまわりに、蓮（pl.）が生えている。
6. 二つの器の間に鳩は葉を捨てる。
7. 食べ物なしにハスは育つ。
8. 住居の前で召使いが果物を調理する。

## 応用トレーニング　2

次の日本語をサンスクリット語に直しなさい。

1. カラスが果物（pl.）を食べる。
2. 水が流れる。
3 彼等二人が苦しみを覚えている。
4. 王は善行を称賛する。
5. 人々は生きている。
6. 我々二人は国を捨てる。
7. 私は性格を知っている。
8. 楽しみは苦しみに勝つ。

## 応用トレーニング 3

**次の日本語をサンスクリット語に直しなさい。**

1. 一人の男が、薪を運ぶ。

2. 鳩は手を放す。

3. 人が食物を調理する。

4. 馬 (pl.) が草を食べる。

5. 雲 (pl.) が流れる。

6. おや、なんという少年だ！

7. 人は藁をまき散らす。

## 応用トレーニング 4

**次の日本語をサンスクリット語に直しなさい。**

1. 山の両側で王は、木 (pl.) を燃やす。

2. 王の後ろを召使いが付いていく。

3. 教典に従って少年二人は、王に礼拝する。

4. 森の近くに私達は住んでいる。

5. 幸福は金より勝る。

6. 王は国家より劣る（国があって王が存在する）。

## トレーニング 1

1. 馬は、山に向かって走る。

अश्वाः पर्वतं प्रति धावन्ति aśvāḥ parvataṃ prati dhāvanti

| | | |
|---|---|---|
| (1.50) | aśvāḥ | (N.pl.) aśva (m.) 馬（たちは） |
| (1.50) | parvatam | (Ac.sg.) parvata (m.) 山（-aṃ → -am） |
| (1.50) | prati | (ind.) prati (prep.) ～に向かって（+Ac.） |
| (1.50) | dhāvanti | (3.pl.pres.) √dhāv (1P) 走る |

2. 村の至る所に木が生えている。

ग्रामं सर्वतो वृक्षा रोहन्ति grāmaṃ sarvato vṛkṣā rohanti

| | | |
|---|---|---|
| (1.50) | grāmam | (Ac.sg.) grāma (m.) 村（-aṃ → -am） |
| (1.50) | sarvataḥ | (ind.) sarvatas (prep.) ～の至る所に（+Ac.）(-o → -aḥ) |
| (1.50) | vṛkṣāḥ | (N.pl.) vṛkṣa (m.) 木（々が）(-ā → -āḥ) |
| (1.50) | rohanti | (3.pl.pres.) √ruh (1P) 生えている |

3. 井戸の近くで二人の召使いが話している。

कूपं निकषा दासौ वदतः kūpaṃ nikaṣā dāsau vadataḥ

| | | |
|---|---|---|
| (1.50) | kūpam | (Ac.sg.) kūpa (m.) 井戸（-aṃ → -am） |
| (1.50) | nikaṣā | (ind.) nikaṣā (prep.) ～の近くで（+Ac.） |
| (1.50) | dāsau | (N.du.) dāsa (m.) （二人の）召使い（が） |
| (1.50) | vadataḥ | (3.du.pres.) √vad (1P) 話している |

4. 黄金なしに、肉体は生きる。

कनकं विना शरीरं जीवति kanakaṃ vinā śarīraṃ jīvati

| | | |
|---|---|---|
| (1.50) | kanakam | (Ac.sg.) kanaka (n.) 黄金（-aṃ → -am） |
| (1.50) | vinā | (ind.) vinā ～なしに（+Ac.） |
| (1.50) | śarīram | (N.sg.) śarīra (n.) 肉体（は）(-aṃ → -am) |
| (1.50) | jīvati | (3.sg.pres.) √jīv (1P) 生きる |

5. 山のまわりに、蓮が生えている。

पर्वतं परितः कमलानि रोहन्ति parvataṃ paritaḥ kamalāni rohanti

(1.50) parvatam (Ac.sg.) parvata (m.) 山 (–aṃ → –am)

(1.50) paritaḥ (ind.) paritas (prep.) ～のまわりに (＋Ac.)

(1.50) kamalāni (N.pl.) kamala (n.) 蓮 (が)

(1.50) rohanti (3.pl.pres.) √ruh (1P) 生えている

6. 二つの器の間に鳩は葉を捨てる。

पात्रे अन्तरा कपोतः पत्रं त्यजति

pātre antarā kapotaḥ patraṃ tyajati

(1.51) pātre (Ac.du.) pātra (n.) (二つの) 器

(1.51) antarā (ind.) antarā (prep.) ～の間に (＋Ac.)

(1.51) kapotaḥ (N.sg.) kapota (m.) 鳩 (が)

(1.51) patram (Ac.sg.) patra (n.) 葉 (を) (–aṃ → –am)

(1.51) tyajati (3.sg.pres.) √tyaj (1P) 捨てる

7. 食べ物なしにハスは育つ。

अन्नमन्तरेण कमलं रोहति annam antareṇa kamalaṃ rohati

(1.51) annam (Ac.sg.) anna (n.) 食べ物

(1.51) antareṇa (ind.) antareṇa (prep.) ～無くして (＋Ac.)

(1.51) kamalam (N.pl.) kamala (n.) ハス (は) (–aṃ → –am)

(1.51) rohanti (3.pl.pres.) √ruh (1P) 育つ

8. 住居の前で召使いが果物を調理する。

स्थानमभितो दासः फलानि पचति sthānam abhitaḥ dāsaḥ phalāni pacati

(1.51) sthānam (Ac.sg.) sthāna (n.) 住居

(1.51) abhitaḥ (ind.) abhitaḥ (prep.) ～の前で (＋Ac.)

(1.51) dāsaḥ (N.sg.) dāsa (m.) 召使い (は)

(1.51) phalāni (Ac.pl.) phala (n.) 果物 (を)

(1.51) pacati (3.sg.pres.) √pac (1P) 調理する住居の前で召使いが果物を調理する。

## トレーニング 2

1. カラスが果物を食べる。

काक: फलानि खादति kākaḥ phalāni khādati

| | | |
|---|---|---|
| (1.51) | kākaḥ | (N.sg.) kāka (m.) カラス（が） |
| (1.51) | phalāni | (Ac.pl.) phala (n.) 果実（を） |
| (1.51) | khādati | (3.sg.pres.) √khād (1P) 食べる |

2. 水が流れる。

जलं द्रवति jalaṃ dravati

| | | |
|---|---|---|
| (1.51) | jalam | (N.sg.) jala (n.) 水（が） (–aṃ → –am) |
| (1.51) | dravati | (3.sg.pres.) √dru (1P) 流れる |

3. 彼等二人が苦しみを覚えている。

दु:खं स्मरत: duḥkhaṃ smarataḥ

| | | |
|---|---|---|
| (1.51) | duḥkham | (Ac.sg.) duḥkha (n.) 苦しみ（を） (–aṃ → –am) |
| (1.51) | smarataḥ | (3.du.pres.) √smṛ (1P) （彼ら二人が）覚えている |

4. 王は善行を称賛する。

नृप आचारं शंसति nṛpa ācāraṃ śaṃsati

| | | |
|---|---|---|
| (1.51) | nṛpaḥ | (N.sg.) nṛpa (m.) 王様（は） (–a → –aḥ) |
| (1.51) | ācāram | (Ac.sg.) ācāra (m.) 善行（を） (–aṃ → –am) |
| (1.51) | śaṃsati | (3.sg.pres.) √śaṃs (1P) 称賛する |

5. 人々は生きている。

जना जीवन्ति janā jīvanti

| | | |
|---|---|---|
| (1.51) | janāḥ | (N.pl.) jana (m.) 人（々は） (–ā → –āḥ) |
| (1.51) | jīvanti | (3.pl.pres.) √jīv (1P) 生きている |

6. 我々二人は国を捨てる。

देशं त्यजाव: deśaṃ tyajāvaḥ

| | | |
|---|---|---|
| (1.51) | deśam | (Ac.sg.) deśa (m.) 国（を） (–aṃ → –am) |
| (1.51) | tyajāvaḥ | (1.du.pres.) √tyaj (1P) （我々二人は）捨てる |

7. 私は性格を知っている。

शीलं बोधामि śīlaṃ bodhāmi

| | | |
|---|---|---|
| (1.51) | śīlam | (Ac.sg.) śīla (n.) 性格（を） (–aṃ → –am) |
| (1.51) | bodhāmi | (1.sg.pres.) √budh (1P) （私は）知っている |

8. 楽しみは苦しみに勝つ。

सुखं दु:खं जयति

sukhaṃ duḥkhaṃ jayati

| | | |
|---|---|---|
| (1.51) | sukham | (N.sg.) sukha (n.) 楽しみ（は） (–aṃ → –am) |
| (1.51) | duḥkham | (Ac.sg.) duḥkha (n.) 苦しみ（に） (–aṃ → –am) |
| (1.51) | jayati | (3.sg.pres.) √ji (1P) 勝つ |

## トレーニング・3

1. 1人の男が薪を運ぶ。

नर इन्धनं वहति nara indhanaṃ vahati

| | | |
|---|---|---|
| (1.52) | naraḥ | (N.sg.) nara (m.) 男（が） (–a → –aḥ) |
| (1.52) | indhanaṃ | (Ac.sg.) indhana (n.) 薪（を） |
| (1.52) | vahati | (3.sg.pres.) √vah (1P) 運ぶ |

2. 鳩は手を放す。

कपोतस्करं त्यजति kapotas karaṃ tyajati

| | | |
|---|---|---|
| (1.52) | kapotaḥ | (N.sg.) kapota (m.) 鳩（は） (–as → –aḥ) |
| (1.52) | karam | (Ac.sg.) vana (n.) 手（を） |
| (1.52) | tyajati | (3.sg.pres.) √tyaj (1P) 放す |

3. 男が食べ物を調理する。

जनोऽन्नं पचति jano 'nnaṃ pacati

| | | |
|---|---|---|
| (1.52) | janaḥ | (N.sg.) jana (m.) 男（が） (–o → –aḥ) |
| (1.52) | annam | (Ac.sg.) anna (n.) 食べ物（を） ('– → a–) (–aṃ → –am) |
| (1.52) | pacati | (3.sg.prcs.) √pac (1P) 調理する |

4. 馬が草を食べる。

अश्वास्तृणं खादन्ति aśvās tṛṇaṃ khādanti

| | | |
|---|---|---|
| (1.52) | aśvāḥ | (N.pl.) aśva (m.) 牡馬（たちが） (–ās → –āḥ) |
| (1.52) | tṛṇam | (Ac.sg.) tṛṇa (n.) 草（を） (–aṃ → –am) |
| (1.52) | khādanti | (3.pl.pres.) √khād (1P) 食べる |

5. 雲が流れる。

मेघाः सरन्ति meghāḥ saranti

| | | |
|---|---|---|
| (1.52) | meghāḥ | (N.pl.) megha (m.) 雲（が） |
| (1.52) | saranti | (3.pl.pres.) √sṛ (1P) 流れる |

6. おや、なんという少年だ！

धिक् बालम् dhik bālam

| | | |
|---|---|---|
| (1.52) | dhik | (ind.) おや、何とこれは（+Ac.） |
| (1.52) | bālam | (Ac.sg.) bāla (m.) 少年 |

7. 人は藁をまき散らす。

नरस्तृणं वपति

naras tṛṇaṃ vapati

| | | |
|---|---|---|
| (1.52) | naraḥ | (N.sg.) nara (m.) 人（は） (−as → −aḥ) |
| (1.52) | tṛṇam | (Ac.sg.) tṛṇa (n.) 藁（を） (−aṃ → −am) |
| (1.52) | vapati | (3.sg.pres.) √vap (1P) まき散らす |

## トレーニング 4

1. 山の両側で王は、木々を燃やす。

पर्वतमुभयतो नृपो वृक्षान्दहति

parvatam ubhayato nṛpo vṛkṣān dahati

| | | |
|---|---|---|
| (1.52) | parvatam | (Ac.sg.) parvata (m.) 山 |
| (1.52) | ubhayataḥ | (ind.) ubhayatas (prep.) 〜の両側で (+Ac.) (−o → −aḥ) |
| (1.52) | nṛpaḥ | (N.sg.) nṛpa (m.) 王（が） (−o → −aḥ) |
| (1.52) | vṛkṣān | (Ac.pl.) vṛkṣa (m.) 木（々を） |
| (1.52) | dahati | (3.sg.pres.) √dah (1P) 燃やす |

2. 王の後ろに召使いが付いていく。

अनु नृपं दासो व्रजति

anu nṛpaṃ dāso vrajati

| | | |
|---|---|---|
| (1.52) | anu | (ind.) anu (prep.) 〜の後ろに (+Ac.) |
| (1.52) | nṛpam | (Ac.sg.) nṛpa (m.) 王 (−aṃ → −am) |
| (1.52) | dāsaḥ | (N.sg.) dāsa (m.) 召使い（は） (−o → −aḥ) |
| (1.52) | vrajati | (3.sg.pres.) √vraj (1P) ついて行く |

3. 教典に従って少年二人は、王に礼拝する。

अनु शास्त्रं बालौ नृपं नमतः

anu śāstraṃ bālau nṛpaṃ namataḥ

| | | |
|---|---|---|
| (1.52) | anu | (ind.) anu (prep.) ～にもとずいて (+Ac.) |
| (1.52) | śāstram | (Ac.sg.) śāstra (n.) 経典 (–aṃ → –am) |
| (1.52) | bālau | (N.du.) bāla (m.) 少年（二人は） |
| (1.52) | nṛpam | (Ac.sg.) nṛpa (m.) 王（に） (–aṃ → –am) |
| (1.52) | namataḥ | (3.du.pres.) √nam (1P) 礼拝する |

4. 森の近くに私達は住んでいる。

वनं समया वसामः vanaṃ samayā vasāmaḥ

| | | |
|---|---|---|
| (1.52) | vanam | (Ac.sg.) vana (n.) 森 (–aṃ → –am) |
| (1.52) | samayā | (ind.) samayā (prep.) ～の近くに (+Ac.) |
| (1.52) | vasāmaḥ | (1.pl.pres.) √vas (1P) （私たちは）住んでいる |

5. 幸福は黄金に勝る。

अति कनकं सुखम् ati kanakaṃ sukham

| | | |
|---|---|---|
| (1.52) | ati | (ind.) ati (prep.) ～より勝る (+Ac.) |
| (1.52) | kanakam | (Ac.sg.) kanaka (n.) 金 (–aṃ → –am) |
| (1.52) | sukham | (N.sg.) sukha (n.) 幸福（は） |

6. 王は国家より劣る（国があって王が存在する）。

उप देशं नृपः upa deśaṃ nṛpaḥ

| | | |
|---|---|---|
| (1.52) | upa | (ind.) upa (prep.) ～より劣る，の下に (+Ac.) |
| (1.52) | deśam | (Ac.sg.) deśa (m.) 国 (–aṃ → –am) |
| (1.52) | nṛpaḥ | (N.sg.) nṛpa (m.) 王（は） |

# 第　4　課　　　第４類動詞の活用④

## 1、第４類動詞の活用【 divādi 】④

現在時制　　能動態【kartari prayogaḥ】(active voice)

(1) 語幹の作り方

語根母音はグナ化しない。

第１次活用の特徴として y が語根に付され、接尾辞 a が人称語尾の前に付される。

この接尾辞 a は、 m または v で始まる人称語尾の前では、 ā になる。

また、 a で始まる人称語尾の前では脱落する。人称語尾は、第１類動詞の場合と同じである。

√puṣ ＋ y ＋ a ＝ puṣya

√puṣ （養う、栄える）

| | sg. | du. | pl. |
|---|---|---|---|
| 1 | puṣyāmi | puṣyāvaḥ | puṣyāmaḥ |
| 2 | puṣyasi | puṣyathaḥ | puṣyatha |
| 3 | puṣyati | puṣyataḥ | puṣyanti |

**基　礎　ト　レ　ー　ニ　ン　グ　1**

**次のサンスクリット語を音読しながら書きなさい。**

अस्यति √as【asyati】(アシイヤテイ)　　投げる

तुष्यति √tuṣ【tuṣyati】(トウシイヤテイ)　　(＋I.D.G.L.) 満足する、喜ぶ

नश्यति √naś【naśyati】(ナシイヤテイ)　　滅びる、消滅する

नृत्यति √nṛt【nṛtyati】(ヌリテイヤテイ)　　踊る

पुष्यति √puṣ【puṣyati】(プシイヤテイ)　　栄える、養う、育てる

मुह्यति √muh【muhyati】(ムヒヤテイ)　　失神する、気を失う

**次の日本語をサンスクリット語に直しなさい。**

| | |
|---|---|
| 投げる | 踊る |
| 満足する | 喜ぶ |
| 失神する | 気を失う |
| 踊る | 投げる |
| 栄える | 養う・育てる |
| 滅びる | 消滅する |

## 2、 -n- の反舌音化 【内連声】

a 語幹・中性名詞の複数 (pl.) の主格 (N.) と目的格 (Ac.) に この内連声の規則が適用される。単数 (sg.) ・具格 (I.) と複数 (pl.) ・属格 (G.) にも注意が必要である。

| 先行すべき音 | 介在を許される音 | | n に続く音 |
|---|---|---|---|
| ṛ, ṝ, r, ṣ | 母音 , k, kh, g, gh, ṅ<br>p, ph, b, bh, m<br>y, v, h, ṃ | n<br>↓<br>ṇ | 母音 , n, m, y, v |

例 vanam (n.sg.N.) → vanāni (n.pl.N.) 変化なし

śarīram (n.sg.N.) → śarīrāṇi (n.pl.N.) / patrāṇi / nareṇa (m.sg.I.)

rāmāyaṇa

## 3、第１類動詞と第４類動詞には不規則な語幹を作る動詞がある。

**基 礎 ト レ ー ニ ン グ 2**

次のサンスクリット語を音読しながら書きなさい。

（第１類動詞の不規則語幹）

गच्छति √gam 【gacchati】 (ガッチャティ) 行く

यच्छति √yam 【yacchati】 (ヤッチャティ) 抑制する、抑止する、綱を引く

गूहति √guh 【gūhati】 (グーハティ) 隠す

सीदति √sad 【sīdati】 (シィーダティ) 座る

जिघ्रति √ghrā 【jighrati】 (ジグラティ) 嗅ぐ

पिबति √pā 【pibati】 (ピバティ) 飲む

तिष्ठति √sthā 【tiṣṭhati】 (ティシュタティ) 立つ、止める、留まる

दशति √daṃś 【daśati】 (ダシャティ) 咬む、噛む

धमति √dhmā 【dhamati】 (ダマティ) 法螺貝などを吹く

पश्यति √dṛś 【paśyati】 (パシヤティ) 見る

हरति √hṛ 【harati】 (ハラティ) 取り去る、運ぶ、持ち去る、奪う

यच्छति √dā 【yacchati】 (ヤッチャティ) 与える

गायति √gai 【gāyati】 (ガーヤティ) 歌う

शोचति √śuc 【śocati】 (ショーチャティ) 悲しむ、きらめく

> ※ √dā と √yam の現在形は同一の形である。

次の日本語をサンスクリット語に直しなさい。

| | |
|---|---|
| 見る | 噛む |
| 抑制する | 制止する |
| 隠す | 綱を引く |
| 座る | 奪う |
| 嗅ぐ | 運び去る |
| きらめく | 座る |
| 悲しむ | 隠す |
| 咬む | 法螺貝などを吹く |
| 留まる | 運ぶ |
| 行く | 悲しむ |
| 取り去る | 持ち去る |
| 与える | 嗅ぐ |
| 歌う | 飲む |
| 立つ | 止める |

## 基礎トレーニング 3

次のサンスクリット語を音読しながら書きなさい。

（第４類動詞の不規則語幹）

| | | |
|---|---|---|
| दीव्यति | √div 【dīvyati】(ディーウィヤティ) | 遊ぶ、賭博をする |
| शाम्यति | √śam 【śāmyati】(シャーミヤティ) | 静まる、平静になる、和らぐ、やめる |
| श्राम्यति | √śram 【śrāmyati】(シュラーミヤティ) | に疲れる、あきる、努力する |
| माद्यति | √mad 【mādyati】(マーディヤティ) | 喜ぶ、酔う、祝う |
| विध्यति | √vyadh 【vidhyati】(ウィディヤティ) | 刺し貫く、傷つける、見抜く |
| भ्रश्यति | √bhraṃś 【bhraśyati】(ブラシヤティ) | 落ちる（＋Ac.）から逃げる、去る |
| क्षाम्यति | √kṣam 【kṣāmyati】(クシャーミヤティ) | 堪え忍ぶ、許す |
| भ्राम्यति | √bhram 【bhrāmyati】(ブラーミヤティ) | 歩き回る、散歩する、間違う |

次の日本語をサンスクリット語に直しなさい。

| | |
|---|---|
| 賭博をする | 遊ぶ |
| 静まる・和らぐ | 落ちる・から逃げる・去る |
| 許す | 堪え忍ぶ |
| 歩き回る・散歩する | 間違う |
| 傷つける・刺し貫く | 見抜く |
| 落ちる | 喜ぶ |

| | |
|---|---|
| あきる | 疲れる |
| 祝う | 酔う |

4、サンスクリットの文章は通常述語を文末におく、一般的な語順は次の通り。

主語 → 目的語 → 述語

narau vanaṃ paśyataḥ 『二人の男は、森を見る。』

5、否定文

否定辞 na は広く使用され、文あるいは文中の特定の語を否定する。文を否定するときは文頭あるいは述語動詞または重要な意味をもつ語の前におかれる。しかし、詩では自由な位置におかれる。

nṛpo dāsān na nindati 『王は、召使い達をとがめない。』

(m. sg. N.) (m. pl. Ac.) √nind (3. sg. pres.)

6、接続詞

ca は & 「そして、また」を意味する。文頭には用いられない。文脈によっては「しかし」

散文では、 A と B → A B ca の形がとられる。 A と B と C → A B C ca の形になる。

また意味を強めるために ca を繰り返し、 A ca B ca = both A and B とする事がある。

この用法は、古典サンスクリットよりもヴェーダでよく使われる。

naraś ca bālāś ca grāmaṃ gacchanti (naraḥ ca bālāḥ ca)

(N.) (N.) (Ac.) √gam

『一人の男と少年達が村へ行く。』

naro bālāś ca grāmaṃ gacchanti

二つの文を接続する場合、 ca は第2の文の第2語目に置かれる。

naro grāmaṃ gacchati ,bālāś ca tuṣyati 『一人の男は村に行き、そして少年たちは満足する。』

śocati ( √śuc ) mādyati ( √mad ) ca 『彼は悲しみ、そして、喜ぶ。』

jīvati ( √jīv ) putraṃ paśyati ( √dṛś ) ca / jīvati putraṃ ca paśyati

『彼は生き、そして息子を見る。』

**基礎トレーニング 4**

次のサンスクリット語を音読しながら書きなさい。

| | | |
|---|---|---|
| गजः | gajaḥ (ガジャハ) | 象 |
| चन्द्रः | candraḥ (チャンドラハ) | 月 |
| प्रासादः | prāsādaḥ (プラーサーダハ) | 宮殿、王宮、高台、塔 |
| ह्रदः | hradaḥ (フラダハ) | 湖、深い池 |
| कुसुमम् | kusumam (クスマム) | 花 |

| | | |
|---|---|---|
| जीवनम् | jīvanam (ジーワナム) | 生活、生命、人生 |
| धनम् | dhanam (ダナム) | 富、財産、金 |
| शीर्षम् | śīrṣam (シールシャム) | 頭 |
| च | ca (チャ) | そして、また、しかし |
| न | na (ナ) | ない |

次の日本語をサンスクリット語に直し、声に出しながら書きなさい。

| | |
|---|---|
| 象 | 花 |
| 月 | 人生 |
| 財産 | 富 |
| 湖 | 頭 |
| 生命 | 生活 |
| 宮殿 | 王宮 |
| ない | そして |

## 基礎トレーニング 5

次の動詞を parasmaipada 現在で活用しなさい。

| √dṛś | sg. | du. | pl. |
|---|---|---|---|
| 1 | | | |
| 2 | | | |
| 3 | | | |

| √dhmā | sg. | du. | pl. |
|---|---|---|---|
| 1 | | | |
| 2 | | | |
| 3 | | | |

| √sthā | sg. | du. | pl. |
|---|---|---|---|
| 1 | | | |
| 2 | | | |
| 3 | | | |

| √gam | sg. | du. | pl. |
|---|---|---|---|
| 1 | | | |
| 2 | | | |
| 3 | | | |

| √pā | sg. | du. | pl. |
|---|---|---|---|
| 1 | | | |
| 2 | | | |
| 3 | | | |

| √dā | sg. | du. | pl. |
|---|---|---|---|
| 1 | | | |
| 2 | | | |
| 3 | | | |

## 4 ポイント

新しい単語

√as 【asyati】④投げる
√kṣam 【kṣāmyati】④堪え忍ぶ、許す
√gam 【gacchati】①行く
√guh 【gūhati】①隠す
√gai 【gāyati】①歌う
√ghrā 【jighrati】①嗅ぐ
√tuṣ 【tuṣyati】④満足する、喜ぶ
√daṃś 【daśati】①咬む
√dā 【yacchati】①与える
√div 【dīvyati】④遊ぶ、賭博をする
√dṛś 【paśyati】①見る
√dhmā 【dhamati】①法螺貝などを吹く
√naś 【naśyati】④滅びる、消滅する
√nṛt 【nṛtyati】④踊る
√pā 【pibati】①飲む
√puṣ 【puṣyati】④栄える、養う、育てる
√bhram 【bhrāmyati】④歩き回る、散歩する、間違う
√bhraṃś 【bhraśyati】④落ちる、から逃げる
√mad 【mādyati】④喜ぶ、酔う、祝う
√muh 【muhyati】④失神する、気を失う
√yam 【yacchati】①抑制する、綱を引く
√vyadh 【vidhyati】④刺し貫く、傷つける、見抜く
√śam 【śāmyati】④静まる、和らぐ、やめる
√śuc 【śocati】①悲しむ、きらめく
√śram 【śrāmyati】④に疲れる、あきる、努力する
√sad 【sīdati】①座る
√sthā 【tiṣṭhati】①立つ、止める、留まる
√hṛ 【harati】①取り去る、運ぶ、持ち去る、奪う

kusumam 花　gajaḥ 象　candraḥ 月　jīvanam 生活、生命、人生
dhanam 富、財産　na ～ない (not)　śīrṣam 頭　hradaḥ 湖、深い池
prāsādaḥ 宮殿、王宮、高台、お寺の塔　ca そして (and)

## トレーニング 1

次のサンスクリット語を sandhi 規則に注意して日本語に直しなさい。

1. नृप आचारं निन्दति nṛpa ācāraṃ nindati

______________________________

2. ह्रदं परितः कुसुमानि रोहन्ति hradaṃ paritaḥ kusumāni rohanti

______________________________

3. शरीरं नश्यति śarīraṃ naśyati

______________________________

4. दासो गजं पुष्यति dāso gajaṃ puṣyati

______________________________

5. प्रासादमभितो नृत्यामः prāsādam abhito nṛtyāmaḥ

______________________________

6. नरः श्राम्यति जलं च पिबति naraḥ śrāmyati jalaṃ ca pibati

______________________________

7. जनश्चन्द्रं पश्यति तुष्यति च janaś candraṃ paśyati tuṣyati ca

8. पत्राणि भ्रश्यन्ति patrāṇi bhraśyanti

9. नृपो दासान्क्षाम्यति nṛpo dāsān kṣāmyati

10. ह्रदं निकषा बाला दीव्यन्ति hradaṃ nikaṣā bālā dīvyanti

11. कुसुमं जिघ्रामि kusumaṃ jighrāmi

12. गजा धमन्ति gajā dhamanti

13. तृणं करं विध्यति tṛṇaṃ karaṃ vidhyati

14. दासौ धनं हरतः dāsau dhanaṃ harataḥ

15. ह्रदं सर्वतो वृक्षास्तिष्ठन्ति hradaṃ sarvato vṛkṣās tiṣṭhanti

16. भ्राम्यामः bhrāmyāmaḥ

17. माद्यथः mādyathaḥ

18. शाम्यथ śāmyatha

19. दशति daśati

20. बालाः श्राम्यन्ति मुह्यन्ति च bālāḥ śrāmyanti muhyanti ca

21. धनमन्तरेण जीवनं नश्यति dhanam antareṇa jīvanaṃ naśyati

22. कुसुमे यच्छावः kusume yacchāvaḥ

23. बाला नृत्यन्ति नृपश्च सीदति bālā nṛtyanti nṛpaś ca sīdati

24. दास: कमलमस्यति dāsaḥ kamalam asyati

25. पात्रं गूहसि pātraṃ gūhasi

26. अश्वं यच्छामि अश्वश्च शाम्यति aśvaṃ yacchāmi aśvaś ca śāmyati

27. शीर्षं नमति śīrṣaṃ namati

28. कपोत: कुसुमं हरति kapotaḥ kusumaṃ harati

## 応用トレーニング 1

次の日本語をサンスクリット語に直しなさい。

1. 王は、行儀をとがめる。
2. 湖のまわりに花（pl.）が生えている。
3. 肉体は滅びる。
4. 召使いは象を養う。
5. 宮殿のまわりを私達は踊り回る。
6. 一人の男は疲れて水を飲む。
7. 人は月をながめて喜ぶ。
8. 葉（pl.）が落ちる。
9. 王は召使い達を許す。
10. 湖の近くで少年達が遊ぶ。
11. 私は花のにおいを嗅ぐ。

12. 象達が吹く。

13. 草が手を傷つける。

14. 召使い二人は富を持ち去る。

15. 湖の至る所に木々が立っている。

16. 私達は、さまよい歩く。

17. あなた達二人は酔っている。

18. あなた達は静かになる。

19. 彼は、噛む。

20. 少年達は疲れて失神する。

21. 富なしに生活は成りたたない。

22. 二つの花を私達二人が与える。

23. 少年達は踊り、王は座っている。

24. 召使いは蓮を投げる。

25. 器をあなたは隠す。

26. 馬を私は抑止し、そして馬は静まる。

27. 彼は頭を下げる。

28. 鳩は花を運ぶ。

## トレーニング 1

1. 王は、行儀をとがめる。

नृप आचारं निन्दति nṛpa ācāraṃ nindati

| | | |
|---|---|---|
| (1.67) | nṛpaḥ | (N.sg.) nṛpa (m.) 王（は） (−a → −aḥ) |
| (1.67) | ācāram | (Ac.sg.) ācāra (m.) 行儀（を） (−aṃ → −am) |
| (1.67) | nindati | (3.sg.pres.) √nind (1P) とがめる |

2. 湖のまわりに花が生えている。

ह्रदं परित: कुसुमानि रोहन्ति

hradaṃ paritaḥ kusumāni rohanti

| | | |
|---|---|---|
| (1.67) | hradam | (Ac.sg.) hrada (m.) 湖 (−aṃ → −am) |
| (1.67) | paritaḥ | (ind.) paritas (prep.) ～のまわりに (+Ac.) |
| (1.67) | kusumāni | (N.pl.) kusuma (n.) 花（が） |
| (1.67) | rohanti | (3.pl.pres.) √ruh (1P) 生えている |

3. 肉体は滅びる。

शरीरं नश्यति śarīraṃ naśyati

| | | |
|---|---|---|
| (1.67) | śarīram | (N.sg.) śarīra (n.) 肉体（は） (−aṃ → −am) |
| (1.67) | naśyati | (3.sg.pres.) √naś (4P) 滅びる |

4. 召使いは象を養う。

दासो गजं पुष्यति dāso gajaṃ puṣyati

| | | |
|---|---|---|
| (1.67) | dāsaḥ | (N.sg.) dāsa (m.) 召使い（は） (−o → −aḥ) |
| (1.67) | gajam | (Ac.sg.) gaja (m.) 象（を） (−aṃ → −am) |
| (1.67) | puṣyati | (3.sg.pres.) √puṣ (4P) 養う |

5. 宮殿のまわりを私達は踊り回る。

प्रासादमभितो नृत्यामः

prāsādam abhito nṛtyāmaḥ

(1.67)　prāsādam　(Ac.sg.) prāsāda (m.) 宮殿

(1.67)　abhitaḥ　(ind.) abhitas (prep.) ～のまわりを (+Ac.) (-o → -aḥ)

(1.67)　nṛtyāmaḥ　(1.pl.pres.) √nṛt (4P) （私たちは）踊り回る

6. 一人の男は疲れて水を飲む。

नरः श्राम्यति जलं च पिबति

naraḥ śrāmyati jalaṃ ca pibati

(1.67)　naraḥ　(N.sg.) nara (m.) 男（は）

(1.67)　śrāmyati　(3.sg.pres.) √śram (4P) 疲れる

(1.67)　jalam　(Ac.sg.) jala (n.) 水（を） (-aṃ → -am)

(1.67)　ca　(ind.) ca (conj.) そして

(1.67)　pibati　(3.sg.pres.) √pā (1P) 飲む

7. 人は月をながめて喜ぶ。

जनश्चन्द्रं पश्यति तुष्यति च

janaś candraṃ paśyati tuṣyati ca

(1.68)　janaḥ　(N.sg.) jana (m.) 人（は） (-aś → -aḥ)

(1.68)　candram　(Ac.sg.) candra (n.) 月（を） (-aṃ → -am)

(1.68)　paśyati　(3.sg.pres.) √dṛś (4P) 見る

(1.68)　tuṣyati　(3.sg.pres.) √tuṣ (4P) 喜ぶ

(1.68)　ca　(ind.) ca (conj.) そして

8. 葉が落ちる。

पत्राणि भ्रश्यन्ति patrāṇi bhraśyanti

(1.68)　patrāṇi　(N.pl.) patra (n.) 葉（が）

(1.68)　bhraśyanti　(3.pl.pres.) √bhraṃś (4P) 落ちる

9. 王は召使い達を許す。

नृपो दासान्क्षाम्यति nṛpo dāsān kṣāmyati

| | | |
|---|---|---|
| (1.68) | nṛpaḥ | (N.sg.) nṛpa (m.) 王（は） (–o → –aḥ) |
| (1.68) | dāsān | (Ac.pl.) dāsa (m.) 召使い（たちを） |
| (1.68) | kṣāmyati | (3.sg.pres.) √kṣam (4P) 許す |

10. 湖の近くで少年達が遊ぶ。

ह्रदं निकषा बाला दीव्यन्ति hradaṃ nikaṣā bālā dīvyanti

| | | |
|---|---|---|
| (1.68) | hradam | (Ac.sg.) hrada (m.) 湖 (–aṃ → –am) |
| (1.68) | nikaṣā | (ind.) nikaṣā (prep.) 〜の近くで (+Ac.) |
| (1.68) | bālāḥ | (N.pl.) bāla (m.) 少年（たちが） (–ā → –āḥ) |
| (1.68) | dīvyanti | (3.pl.pres.) √div (4P) 遊ぶ |

11. 私は花のにおいを嗅ぐ。

कुसुमं जिघ्रामि kusumaṃ jighrāmi

| | | |
|---|---|---|
| (1.68) | kusumam | (Ac.sg.) kusuma (n.) 花（を） (–aṃ → –am) |
| (1.68) | jighrāmi | (1.sg.pres.) √ghrā (1P) （私は香を）嗅ぐ |

12. 象達が吹く。

गजा धमन्ति gajā dhamanti

| | | |
|---|---|---|
| (1.68) | gajāḥ | (N.pl.) gaja (m.) 象（たちが） (–ā → –āḥ) |
| (1.68) | dhamanti | (3.pl.pres.) √dhmā (1P) 吹く |

13. 草が手を傷つける。

तृणं करं विध्यति tṛṇaṃ karaṃ vidhyati

| | | |
|---|---|---|
| (1.68) | tṛṇam | (N.sg.) tṛṇa (n.) 草（が） (–aṃ → –am) |
| (1.68) | karam | (Ac.sg.) kara (m.) 手（を） (–aṃ → –am) |
| (1.68) | vidhyati | (3.sg.pres.) √vyadh (4P) 傷つける |

14. 召使い二人は富を持ち去る。

दासौ धनं हरतः dāsau dhanaṃ harataḥ

| | | |
|---|---|---|
| (1.68) | dāsau | (N.du.) dāsa (m.) （二人の）召使い（は） |
| (1.68) | dhanam | (Ac.sg.) dhana (n.) 富を（-aṃ → -am） |
| (1.68) | harataḥ | (3.du.pres.) √hṛ (1P) 持ち去る |

15. 湖の至る所に木々が立っている。

ह्रदं सर्वतो वृक्षास्तिष्ठन्ति

hradaṃ sarvato vṛkṣās tiṣṭhanti

| | | |
|---|---|---|
| (1.68) | hradam | (Ac.sg.) hrada (m.) 湖（-aṃ → -am） |
| (1.68) | sarvataḥ | (ind.) sarvatas (prep.) ～の至る所に（+Ac.）（-o → -aḥ） |
| (1.68) | vṛkṣāḥ | (N.pl.) vṛkṣa (m.) 木（々が）（-ās → -āḥ） |
| (1.68) | tiṣṭhanti | (3.pl.pres.) √sthā (1P) 立っている |

16. 私達は、さまよい歩く。

भ्राम्यामः bhrāmyāmaḥ

| | | |
|---|---|---|
| (1.68) | bhrāmyāmaḥ | (1.pl.pres.) √bhram (4P) （私たちは）さまよい歩く |

17. あなた達二人は酔っている。

माद्यथः mādyathaḥ

| | | |
|---|---|---|
| (1.68) | mādyathaḥ | (2.du.pres.) √mad (4P) （あなたたち二人は）酔っている |

18. あなた達は静かになる。

शाम्यथ śāmyatha

| | | |
|---|---|---|
| (1.68) | śāmyatha | (2.pl.pres.) √śam (4P) （あなたたちは）静かになる |

19. 彼は、噛む。

दशति daśati

| | | |
|---|---|---|
| (1.68) | daśati | (3.sg.pres.) √daṃś (1P) （彼は）噛む |

20. 少年達は疲れて失神する。

बालाः श्राम्यन्ति मुह्यन्ति च

bālāḥ śrāmyanti muhyanti ca

| | | |
|---|---|---|
| (1.68) | bālāḥ | (N.pl.) bāla (m.) 少年（たちは） |
| (1.68) | śrāmyanti | (3.pl.pres.) √śram (4P) 疲れて |
| (1.68) | muhyanti | (3.pl.pres.) √muh (4P) 失神する |
| (1.68) | ca | (ind.) ca (conj.) そして |

21. 富なしに生活は成りたたない。

धनमन्तरेण जीवनं नश्यति

dhanam antareṇa jīvanaṃ naśyati

| | | |
|---|---|---|
| (1.68) | dhanam | (Ac.sg.) dhana (n.) 富 |
| (1.68) | antareṇa | (ind.) antareṇa (prep.) ～なしに（+Ac.） |
| (1.68) | jīvanam | (N.sg.) jīvana (n.) 生活（は）（−aṃ ← −am） |
| (1.68) | naśyati | (3.sg.pres.) √naś (4P) 成り立たない |

22. 二つの花を私達二人が与える。

कुसुमे यच्छावः kusume yacchāvaḥ

| | | |
|---|---|---|
| (1.68) | kusume | (Ac.du.) kusuma (n.) （二つの）花（を） |
| (1.68) | yacchāvaḥ | (1.du.pres.) √dā (1P) （私たち二人が）与える |

23. 少年達は踊り、王は座っている。

बाला नृत्यन्ति नृपश्च सीदति

bālā nṛtyanti nṛpaś ca sīdati

| | | |
|---|---|---|
| (1.68) | bālāḥ | (N.pl.) bāla (m.) 少年（たちは）（−ā ← −āḥ） |
| (1.68) | nṛtyanti | (3.pl.pres.) √nṛt (4P) 踊る |
| (1.68) | nṛpaḥ | (N.sg.) nṛpa (m.) 王（は）（−aś ← −aḥ） |
| (1.68) | ca | (ind.) ca (conj.) そして |
| (1.68) | sīdati | (3.sg.pres.) √sad (1P) 座っている |

24. 召使いは蓮を投げる。

दासः कमलमस्यति dāsaḥ kamalam asyati

| | | |
|---|---|---|
| (1.69) | dāsaḥ | (N.sg.) dāsa (m.) 召使い（は） |
| (1.69) | kamalam | (Ac.sg.) kamala (n.) 蓮（を） |
| (1.69) | asyati | (3.sg.pres.) √as (4P) 投げる |

25. 器をあなたは隠す。

पात्रं गूहसि pātraṃ gūhasi

| | | |
|---|---|---|
| (1.69) | pātram | (Ac.sg.) pātra (n.) 器（を） (–aṃ → –am) |
| (1.69) | gūhasi | (2.sg.pres.) √guh (1P) （あなたは）隠す |

26. 馬を私は抑止し、そして馬は静まる。

अश्वं यच्छामि अश्वश्च शाम्यति

aśvaṃ yacchāmi aśvaś ca śāmyati

| | | |
|---|---|---|
| (1.69) | aśvam | (Ac.sg.) aśva (m.) 馬（を） (–aṃ → –am) |
| (1.69) | yacchāmi– | (1.sg.pres.) √yam (1P) （私は）抑止する |
| (1.69) | aśvaḥ | (N.sg.) aśva (m.) 馬（は） (–aś → –aḥ) |
| (1.69) | ca | (ind.) ca (conj.) そして |
| (1.69) | śāmyati | (3.sg.pres.) √śam (4P) 静まる |

27. 彼は頭を下げる。

शीर्षं नमति śīrṣaṃ namati

| | | |
|---|---|---|
| (1.69) | śīrṣam | (Ac.sg.) śīrṣa (n.) 頭（を） (–aṃ → –am) |
| (1.69) | namati | (3.sg.pres.) √nam (1P) （彼は）お辞儀をする |

28. 鳩は花を運ぶ。

कपोतः कुसुमं हरति kapotaḥ kusumaṃ harati

| | | |
|---|---|---|
| (1.69) | kapotaḥ | (N.sg.) kapota (m.) 鳩（は） |
| (1.69) | kusumam | (Ac.sg.) kusuma (n.) 花（を） (–aṃ → –am) |
| (1.69) | harati | (3.sg.pres.) √hṛ (1P) 運ぶ |

# 第 5 課　第 6 類 動 詞　　与 格 ・ 具 格

## 1、第6類動詞【 tudādi 】⑥　現在時制の parasmaipada

語幹の作り方

第1類動詞と同じく語根に a を添えて語幹を作るが、語根の母音はグナ化しない。

√ ＋ a ＝語幹　　活用語尾は第一類動詞と同じ活用形である。

√tud （打つ）

| | sg. | du. | pl. |
|---|---|---|---|
| 1 | tudāmi | tudāvaḥ | tudāmaḥ |
| 2 | tudasi | tudathaḥ | tudatha |
| 3 | tudati | tudataḥ | tudanti |

1 現在の動作・状態あるいは一般的事実・真理を表す。

2 英語のように現在と現在進行形の区別は無い。

3 直説法現在では近い未来（まさに～しようとしている）勧奨（～しよう。 Let's. 1人称複数。）の意味を表す。

### 基 礎 ト レ ー ニ ン グ　1

**次のサンスクリット語を音読しながら書きなさい。**

कृषति　√kṛṣ【kṛṣati】耕す、鍬で耕す

क्षिपति　√kṣip【kṣipati】投げる、投げ入れる

तुदति　√tud【tudati】打つ

दिशति　√diś【diśati】指示する、示す、見せる、命令する

लिखति　√likh【likhati】書く

विशति　√viś【viśati】入る

सृजति　√sṛj【sṛjati】放出する、生み出す、自身から発（創造）する、与える、投げる、発射する 花輪を置く

स्पृशति　√spṛś【spṛśati】触れる

※ √kṛṣ は、第1類動詞「引く」【karṣati】と第6類動詞「耕す」【kṛṣati】の2種ある。

**次の日本語をサンスクリット語に直し、声に出しながら書きなさい。**

| | |
|---|---|
| 命令する | 耕す |
| 投げる | 発射する |
| 創造する | 生み出す |
| 見せる | 指示する |
| 書く | 花輪を置く |
| 与える | 入る |
| 放出する | 打つ |
| 触れる | 示す |

## 2、第6類動詞の不規則変化語幹

**基 礎 ト レ ー ニ ン グ 2**

次のサンスクリット語を音読しながら書きなさい。

कृन्तति √kṛt 〔kṛntati〕 切る

मुञ्चति √muc 〔muñcati〕 解く、解放する、放つ、射る

लुम्पति √lup 〔lumpati〕 壊す、痛める、破る、害する、盗む、捉える

लिम्पति √lip 〔limpati〕 塗り汚す、油を塗る （ Ac.） に （I.） を塗る

विन्दति √vid 〔vindati〕 発見する、見つける、獲得する

सिञ्चति √sic 〔siñcati〕 注ぐ、ぬらす

इच्छति √iṣ 〔icchati〕 欲する、望む

पृच्छति √pracch 〔pṛcchati〕 問う、尋ねる

次の日本語をサンスクリット語に直し、声に出しながら書きなさい。

| | |
|---|---|
| 解放する | 盗む |
| 痛める | 壊す・破る |
| 切る | 油を塗る |
| 発見する・見つける | ぬらす |
| 捉える | 注ぐ |
| 欲する | 獲得する |
| 射る・放つ | 尋ねる |

**基 礎 ト レ ー ニ ン グ 3**

次のサンスクリット語を音読しながら書きなさい。

हसति √has 〔hasati〕 笑う

ह्वयति √hve 〔hvayati〕 呼ぶ

अनिलः anilaḥ 風

भारः bhāraḥ 荷物、重荷、積荷、負担

शृगालः śṛgālaḥ ジャッカル、山犬

हंसः haṃsaḥ （鵞鳥）ガチョウ、白鳥

गृहम् gṛham 家

तीरम् tīram 岸、川岸、堤

भूषणम् bhūṣaṇam 飾り

रत्नम् ratnam 宝石、宝

आचार्यः ācāryaḥ 阿闍梨、先生、教師、師匠

शिष्यः śiṣyaḥ 生徒、弟子

पुस्तकम् pustakam 本、書物

मुखम् mukham 顔、口、頭、表面

अलम् alam 非常に、十分 (+I.)

कृतम् kṛtam 十分 (+I.)

नमः namaḥ 南無、～に敬礼する、帰命する、頭を下げること、礼拝、 (+D.)

विना vinā ～なしに (+I.) を除いて

सह saha ～と共に (+I.) と一緒に

स्वस्ति svasti 万歳、～に幸あれ (+D.)

**次の日本語をサンスクリット語に直し、声に出しながら書きなさい。**

| | |
|---|---|
| 非常に、十分 | 笑う |
| 十分 | 呼ぶ |
| ～に敬礼する | ～なしに |
| 風 | 荷物・重荷・負担 |
| ジャッカル・山犬 | ガチョウ |
| ～と共に・と一緒に | 白鳥 |
| 万歳・～に幸あれ | 家 |
| 南無・帰命する | 岸・川岸 |
| 宝石 | 飾り |
| 口・頭 | 表面・顔 |
| 師匠・師匠・阿闍梨 | ～なしに、を除いて |
| 生徒・弟子 | 本、書物 |

**3、具格の用法 ( Instrumental case , I. )**

基本的には、用具 (instrument) と動作者 (agent) と随伴 (concomitance) を表す。

(1) 受動的表現の動作主として「誰々によって」（定動詞の受動態・過去分詞・未来義務分詞等）

(2) 用具・手段「～によって」 ( by )

**bālo mukhaṃ hastābhyāṃ gūhati** 少年は口を両手で覆う。

(3) 同伴・付随「～と一緒に」結合を表す前置詞的副詞 **saha** (with) と共に用いられる。

反対に分離・喪失を表す語と共に用いられる。 **vinā** (without) 「～なしに」

**dāsena saha gacchāmi** 召使いと一緒に私は行く。

(4) 原因・理由「～の故に」 ( owing to, on account of, out of, because of )

**duḥkhena grāmaṃ tyajāmi** 苦しみの故に村を私は去る（捨てる）。

(5) 具格の副詞化

**sukhena** 楽しそうに

**ātmanā** 自ら

**svabhāvena rāmo vīro bhavati** 生まれながらにしてラーマは英雄である。

(6) 不必要・禁止 **alam, kṛtam** と共に禁止を表す。「～するなかれ」

**alaṃ duḥkhena** 苦しむなかれ！（苦しみは、もう御免だ！） ( ड़ं०)? ～は十分だ

## 4、与格の用法（Dative case , D.）

他動詞の間接目的語となり、また広い意味における目的を表す。

(1) 間接目的語「～のために」(for)

「与える」「放す」「 prati-√jñā 約束する」「示す」「派遣する」「投げつける」等を意味する動詞と共に用いられる。

ācāryaḥ śiṣyebhyaḥ pustakāni yacchati 先生は、学生達に本を与える。

(2) 特定の動詞と共に

激情に関する動詞、例えば「 √spṛh 熱望する」「 √kup 怒る」「妬む」「羨む」等の動詞

janakaḥ putrāya kupyati 父は息子を叱る。

(3) 広義の目的

行為の目的を表す

yuddhāya gacchati 戦い（のため）に彼は出かける。

(4) 利益・関与　(利害のD格)

ある事がある人のために関連して行われるとき、受益者・関与者は与格で表される。

kūpaṃ putrebhyaḥ khanati 井戸を息子達のために彼は掘る。

(5) 運動・移動の動詞と共に用いられて方向・目標・目的地を示す。目的格と同じ働きをする。

dāso grāmāya gacchati 召使いは村へ向かって行く。

(6) 不変化詞と共に敬礼・祝福・挨拶

namaḥ 「～に敬礼する、頂礼あれ」 svasti, svāhā 「～に幸あれ」と共に用いられる

nṛpāya svasti 王に幸あれ！（王様万歳！）

> 全ての格の中でD格は最も使用範囲が狭く、時代が進むに従ってG格およびL格に代わられていく。訳に関しては英語の不定詞（副詞的用法）の様に訳せばよい。

## 5、 -ḥ の変化【外連声】

(1) 母音・有声子音の前で、 a, ā 以外の母音に続く ḥ は、 r となる。

-( a, ā 以外の母音 )ḥ + 母音・有声子音 → -( a, ā 以外の母音 )r + 母音・有声子音

bālaiḥ dhāvati → bālairdhāvati

mitraiḥ aṭati → mitrairaṭati

(2) 代名詞 saḥ （かれは）は、文の終わりに来るときのみ ḥ を保持し、

a の前では、 so ’ となり、その他すべての音の前では sa となる。

## 5 ポイント

**新しい単語**

anilaḥ 風

alam 非常に、十分に（+I.）

ācāryaḥ 先生、教師、阿闍梨、師匠

√iṣ 【icchati】⑥欲する、望む

√kṛt 【kṛntati】⑥切る

kṛtam 十分（+I.）

√kṛṣ 【kṛṣati】⑥耕す、鍬で耕す

√kṣip 【kṣipati】⑥投げる、投げ入れる

gṛham 家

tīram 岸、堤 、川岸

√tud 【tudati】⑥打つ

√diś 【diśati】⑥指示する、示す、見せる

namaḥ ～に敬礼する、帰命する（+D.）

pustakam 本、書物

√pracch 【pṛcchati】⑥問う、尋ねる

bhāraḥ 荷物、重荷、積荷、負担

bhūṣaṇam 飾り

mukham 顔、口 、頭、表面

√muc 【muñcati】⑥解く、解放する、射る

ratnam 宝石、宝

√likh 【likhati】⑥書く

√lip 【limpati】⑥塗り汚す、油を塗る

√lup 【lumpati】⑥壊す、痛める、破る、盗む、捉える

√vid 【vindati】⑥発見する、見つける、獲得する

vinā ～なしに（+I.）を除いて

√viś 【viśati】⑥入る（+Ac.）

śiṣyaḥ 生徒、弟子

śṛgālaḥ ジャッカル、キツネ、山犬

saha ～と共に（+I.）と一緒に

√sic 【siñcati】⑥注ぐ、ぬらす

√sṛj 【sṛjati】⑥放出する、生み出す、創る、花輪を置く

√spṛś 【spṛśati】⑥触れる

svasti 万歳、～に幸あれ（+D.）

haṃsaḥ ガチョウ、白鳥

√has 【hasati】①笑う

√hvā(√hve) 【hvayati】①呼ぶ

–ḥ の変化 【外連声】　（ –s は、休止位置において常に –ḥ となる。）

| | |
|---|---|
| –ḥ ＋ k–, kh–, p–, ph– | → 無変化 |
| –ḥ ＋ ś–, ṣ–, s– | → 無変化 |
| –ḥ ＋ c–, ch– | → –ś ＋ c–, ch– |
| –ḥ ＋ ṭ–, ṭh– | → –ṣ ＋ ṭ–, ṭh– |
| –ḥ ＋ t–, th– | → –s ＋ t–, th– |
| –āḥ ＋ 有声音（母音、子音も含む） | → –ā ＋ 有声音 [ ḥ は消滅する。] |
| –aḥ ＋ 有声子音 | → –o ＋ 有声子音 |
| –aḥ ＋ a 以外の母音 | → –a ＋ a 以外の母音 |
| –aḥ ＋ a | → –o ’– |
| –(a, ā 以外の母音 )ḥ ＋ 母音・有声子音 | → –( a, ā 以外の母音 )r ＋ 母音・有声子音 |

## トレーニング 1

次のサンスクリット語を日本語に直しなさい。

1. सुखमिच्छामि sukham icchāmi

2. शृगालो बालं दशति śṛgālo bālaṃ daśati

3. अनु तीरं हंसश्चलति anu tīraṃ haṃsaś calati

4. शरीरं लिम्पथः śarīraṃ limpathaḥ

5. रत्नानि विन्दति ratnāni vindati

6. अनिलो वृक्षान् लुम्पति anilo vṛkṣān lumpati

7. हंसौ ह्रदं विशतः haṃsau hradaṃ viśataḥ

8. प्रासादं निकषा वीरो वसति prāsādaṃ nikaṣā vīro vasati

9. आचारः सुखं सृजति ācāraḥ sukhaṃ sṛjati

10. दासं पृच्छति नरः dāsaṃ pṛcchati naraḥ

## トレーニング 2

次のサンスクリット語を日本語に直しなさい。

1. कराभ्यां जलं स्पृशसि karābhyāṃ jalaṃ spṛśasi

2. भारेण दासः श्राम्यति bhāreṇa dāsaḥ śrāmyati

3. जनैः सह गृहं गच्छामि janaiḥ saha gṛhaṃ gacchāmi

4. भूषणैस्तुष्यति नरः bhūṣaṇais tuṣyati naraḥ

5. जलेन विना कमलानि न रोहन्ति jalena vinā kamalāni na rohanti

6. करेण दासं तुदसि karena dāsaṃ tudasi

7. जलेन कुसुमानि सिञ्चामः jalena kusumāni siñcāmaḥ

8. तृणेन गजान्पुष्यामि tṛṇena gajān puṣyāmi

9. शीर्षेण भारं वहति śīrṣeṇa bhāraṃ vahati

10. सुखेन नरो नृत्यति sukhena naro nṛtyati

## トレーニング 3

次のサンスクリット語を日本語に直しなさい。

1. चन्द्रं बालेभ्यो दिशन्ति candraṃ bālebhyo diśanti

2. अन्नाय गृहं गच्छामि annāya gṛhaṃ gacchāmi

3. इन्धनाय दासा वृक्षं कृन्तन्ति indhanāya dāsā vṛkṣaṃ kṛntanti

4. देशाय वीरो गृहं त्यजति deśāya vīro gṛhaṃ tyajati

5. वीराय नमः vīrāya namaḥ

## トレーニング 4

次のサンスクリット語を日本語に直しなさい。

1. दुःखेन रत्नानि क्षिपावः duḥkhena ratnāni kṣipāvaḥ

2. कपोतान्मुञ्चथः kapotān muñcathaḥ

3. करेण लिखामि kareṇa likhāmi

4. गृहमभितः कृषन्ति जनाः gṛham abhitaḥ kṛṣanti janāḥ

## 応用トレーニング 1

次の日本語をサンスクリット語に直しなさい。

1. 私は幸福を望む。
2. 山犬が少年に咬みつく。
3. 岸に沿って白鳥が泳ぐ。
4. あなた達二人は体に油を塗る。
5. 彼は宝石 (pl.) を発見する。
6. 風が木々を倒す。
7. 二羽の白鳥が湖にはいる。
8. 宮殿の近くに英雄が住んでいる。
9. 良い行為が幸福を生み出す。
10. 男は、召使いに尋ねる。

## 応用トレーニング 2

次の日本語をサンスクリット語に直しなさい。

1. あなたは両手で水に触れる。
2. 重荷によって召使いは疲れる。
3. 人々と共に家に私は行く。
4. 飾り (pl.) によって人は喜ぶ。
5. 水なしに蓮 (pl.) は育たない。
6. あなたは手で召使いを叩く。
7. 私達は水をもって花 (pl.) に振りかける。

8. 草で象 (pl.) を私は養う。

9. 彼は荷物を頭でかつぐ。

10. 楽しそうに男は踊る。

## 応用トレーニング 3

**次の日本語をサンスクリット語に直しなさい。**

1. 彼らは、月を少年達に指し示す。

2. 食べ物のために家に私は行く。

3. 薪を得るために召使い達は木を切る。

4. お国のために勇者は家を出る。

5. 勇者にお辞儀をする。

## 応用トレーニング 4

**次の日本語をサンスクリット語に直しなさい。**

1. 苦しみのあまり宝石 (pl.) を私達二人は投げる。

2. 鳩 (pl.) をあなた達二人はときはなす。

3. 手で私は書く。

4. 家のまわりを人々は耕す。

## トレーニング 1

1. 私は幸福を望む。

सुखमिच्छामि sukham icchāmi

| | | |
|---|---|---|
| (1.82) | sukham | (Ac.sg.) sukha (n.) 幸福（を） |
| (1.82) | icchāmi | (1.sg.pres.) √iṣ (6P) （私は）望む |

2. ジャッカルが少年に噛みつく。

शृगालो बालं दशति śṛgālo bālaṃ daśati

| | | |
|---|---|---|
| (1.82) | śṛgālaḥ | (N.sg.) śṛgāla (m.) ジャッカル（が） (-o → -aḥ) |
| (1.82) | bālam | (Ac.sg.) bāla (m.) 少年（に） (-aṃ → -am) |
| (1.82) | daśati | (3.sg.pres.) √daṃś (1P) 噛みつく |

3. 岸に沿って白鳥が泳ぐ。

अनु तीरं हंसश्चलति anu tīraṃ haṃsaś calati

| | | |
|---|---|---|
| (1.82) | anu | (ind.) anu (prep.) ～に沿って (+Ac.) |
| (1.82) | tīram | (Ac.sg.) tīra (n.) 岸 (-aṃ → -am) |
| (1.82) | haṃsaḥ | (N.sg.) haṃsa (m.) 白鳥（が） (-aś → -aḥ) |
| (1.82) | calati | (3.sg.pres.) √cal (1P) 動く |

4. あなた達二人は身体に油を塗る。

शरीरं लिम्पथः śarīraṃ limpathaḥ

| | | |
|---|---|---|
| (1.82) | śarīram | (Ac.sg.) śarīra (n.) 身体（に） (-aṃ → -am) |
| (1.82) | limpathaḥ | (2.du.pres.) √lip (6P) （あなたたち二人は）油を塗る |

5. 彼は宝石を発見する。

रत्नानि विन्दति ratnāni vindati

| | | |
|---|---|---|
| (1.82) | ratnāni | (Ac.pl.) ratna (n.) 宝石（を） |
| (1.82) | vindati | (3.sg.pres.) √vid (6P) （彼は）発見する |

6. 風が木々を倒す。

अनिलो वृक्षान् लुम्पति anilo vṛkṣān lumpati

| | | |
|---|---|---|
| (1.82) | anilaḥ | (N.sg.) anila (m.) 風（が）（–o → –aḥ） |
| (1.82) | vṛkṣān | (Ac.pl.) vṛkṣa (m.) 木（々を） |
| (1.82) | lumpati | (3.sg.pres.) √lup (6P) 倒す |

7. 二羽の白鳥が湖にはいる。

हंसौ ह्रदं विशतः haṃsau hradaṃ viśataḥ

| | | |
|---|---|---|
| (1.82) | haṃsau | (N.du.) haṃsa (n.) （二羽の）白鳥（が） |
| (1.82) | hradam | (Ac.sg.) hrada (m.) 湖（に）（–aṃ → –am） |
| (1.82) | viśataḥ | (3.du.pres.) √viś (6P) はいる |

8. 宮殿の近くに英雄が住んでいる。

प्रासादं निकषा वीरो वसति

prāsādaṃ nikaṣā vīro vasati

| | | |
|---|---|---|
| (1.82) | prāsādam | (Ac.sg.) prāsāda (m.) 宮殿（–aṃ → –am） |
| (1.82) | nikaṣā | (ind.) nikaṣā (prep.) ～の近くに（+Ac.） |
| (1.82) | vīraḥ | (N.sg.) vīra (m.) 英雄（が）（–o → –aḥ） |
| (1.82) | vasati | (3.sg.pres.) √vas (1P) 住んでいる |

9. 良い行為が幸福を生み出す。

आचारः सुखं सृजति ācāraḥ sukhaṃ sṛjati

| | | |
|---|---|---|
| (1.82) | ācāraḥ | (N.sg.) ācāra (m.) 良い行為（が） |
| (1.82) | sukham | (Ac.sg.) sukha (n.) 幸福（を）（–aṃ → –am） |
| (1.82) | sṛjati | (3.sg.pres.) √sṛj (6P) 生み出す |

10. 男は、召使いに尋ねる。

दासं पृच्छति नरः dāsaṃ pṛcchati naraḥ

| | | |
|---|---|---|
| (1.82) | dāsam | (Ac.sg.) dāsa (m.) 召使い（に）（-aṃ → -am） |
| (1.82) | pṛcchati | (3.sg.pres.) √pracch (6P) 尋ねる |
| (1.82) | naraḥ | (N.sg.) nara (m.) 男（は） |

## トレーニング 2

1. あなたは両手で水に触れる。

कराभ्यां जलं स्पृशसि karābhyāṃ jalaṃ spṛśasi

| | | |
|---|---|---|
| (1.82) | karābhyām | (I.du.) kara (m.)（両）手（で）（-aṃ → -am） |
| (1.82) | jalam | (Ac.sg.) jala (n.) 水（に）（-aṃ → -am） |
| (1.82) | spṛśasi | (2.sg.pres.) √spṛś (6P)（あなたは）触れる |

2. 重荷によって召使いは疲れる。

भारेण दासः श्राम्यति bhāreṇa dāsaḥ śrāmyati

| | | |
|---|---|---|
| (1.82) | bhāreṇa | (I.sg.) bhāra (m.) 重荷（によって） |
| (1.82) | dāsaḥ | (N.sg.) dāsa (m.) 召使い（は） |
| (1.82) | śrāmyati | (3.sg.pres.) √śram (4P) 疲れる |

3. 人々と共に家に私は行く。

जनैः सह गृहं गच्छामि janaiḥ saha gṛhaṃ gacchāmi

| | | |
|---|---|---|
| (1.82) | janaiḥ | (I.pl.) jana (m.) 人（々） |
| (1.82) | saha | (ind.) saha (prep.) ～と共に（+I.） |
| (1.82) | gṛham | (Ac.sg.) gṛha (n.) 家（に）（-aṃ → -am） |
| (1.82) | gacchāmi | (1.sg.pres.) √gam (1P)（私は）行く |

4. 飾りによって人は喜ぶ。

भूषणैस्तुष्यति नरः bhūṣaṇais tuṣyati naraḥ

| | | |
|---|---|---|
| (1.82) | bhūṣaṇaiḥ | (I.pl.) bhūṣaṇa (n.) 飾り（によって）（-ais → -aiḥ） |
| (1.82) | tuṣyati | (3.sg.pres.) √tuṣ (4P) 喜ぶ |
| (1.82) | naraḥ | (N.sg.) nara (m.) 人（は） |

5. 水なしに蓮は育たない。

जलेन विना कमलानि न रोहन्ति

jalena vinā kamalāni na rohanti

| | | |
|---|---|---|
| (1.82) | jalena | (I.sg.) jala (n.) 水 |
| (1.82) | vinā | (ind.) vinā (prep.) ～なしに（+I.） |
| (1.82) | kamalāni | (N.pl.) kamala (n.) 蓮（は） |
| (1.82) | na | (ind.) na ない |
| (1.82) | rohanti | (3.pl.pres.) √ruh (1P) 育つ |

6. あなたは手で召使いを叩く。

करेण दासं तुदसि kareṇa dāsaṃ tudasi

| | | |
|---|---|---|
| (1.83) | kareṇa | (I.sg.) kara (m.) 手（によって） |
| (1.83) | dāsam | (Ac.sg.) dāsa (m.) 召使い（を）（-aṃ → -am） |
| (1.83) | tudasi | (2.sg.pres.) √tud (6P)（あなたは）叩く |

7. 私達は水をもって花に振りかける。

जलेन कुसुमानि सिञ्चामः jalena kusumāni siñcāmaḥ

| | | |
|---|---|---|
| (1.83) | jalena | (I.sg.) jala (n.) 水（をもって） |
| (1.83) | kusumāni | (Ac.pl.) kusuma (n.) 花（に） |
| (1.83) | siñcāmaḥ | (1.pl.pres.) √sic (6P)（私たちは）振りかける |

8. 草で象を私は養う。

तृणेन गजान्पुष्यामि tṛṇena gajān puṣyāmi

| | | |
|---|---|---|
| (1.83) | tṛṇena | (I.sg.) tṛṇa (n.) 草（によって） |
| (1.83) | gajān | (Ac.pl.) gaja (m.) 象（たちを） |
| (1.83) | puṣyāmi | (1.sg.pres.) √puṣ (4P) （私は）養う |

9. 彼は荷物を頭でかつぐ。

शीर्षेण भारं वहति śīrṣeṇa bhāraṃ vahati

| | | |
|---|---|---|
| (1.83) | śīrṣeṇa | (I.sg.) śīrṣa (n.) 頭（によって） |
| (1.83) | bhāram | (Ac.sg.) bhāra (m.) 荷物（を） (–aṃ → –am) |
| (1.83) | vahati | (3.sg.pres.) √vah (1P) （彼は）運ぶ |

10. 楽しそうに男は踊る。

सुखेन नरो नृत्यति sukhena naro nṛtyati

| | | |
|---|---|---|
| (1.83) | sukhena | (I.sg.adv.) sukha (n.) 楽しそうに |
| (1.83) | naraḥ | (N.sg.) nara (m.) 男（は） (–o → –aḥ) |
| (1.83) | nṛtyati | (3.sg.pres.) √nṛt (4P) 踊る |

## トレーニング 3

1. 彼らは、月を少年達に指し示す。

चन्द्रं बालेभ्यो दिशन्ति candraṃ bālebhyo diśanti

| | | |
|---|---|---|
| (1.83) | candram | (Ac.sg.) candra (m.) 月（を） (–aṃ → –am) |
| (1.83) | bālebhyaḥ | (D.pl.) bāla (m.) 少年（たちに） (–o → –aḥ) |
| (1.83) | diśanti | (3.pl.pres.) √diś (6P) （彼らは）指し示す |

2. 食べ物（を得る）ために私は家に行く。

अन्नाय गृहं गच्छामि annāya gṛhaṃ gacchāmi

| | | |
|---|---|---|
| (1.83) | annāya | (D.sg.) anna (n.) 食べ物（を得るために） |
| (1.83) | gṛham | (Ac.sg.) gṛha (n.) 家（に） (–aṃ → –am) |
| (1.83) | gacchāmi | (1.sg.pres.) √gam (1P) （私は）行く |

3. 薪を得るために召使い達は木を切る。

इन्धनाय दासा वृक्षं कृन्तन्ति

indhanāya dāsā vṛkṣaṃ kṛntanti

| | | |
|---|---|---|
| (1.83) | indhanāya | (D.sg.) indhana (n.) 薪（を得るために） |
| (1.83) | dāsāḥ | (N.pl.) dāsa (m.) 召使い（たちは） (–ā → –āḥ) |
| (1.83) | vṛkṣam | (Ac.sg.) vṛkṣa (m.) 木（を） (–aṃ → –am) |
| (1.83) | kṛntanti | (3.pl.pres.) √kṛt (6P) 切る |

4. 国のために勇者は家を出る。

देशाय वीरो गृहं त्यजति

deśāya vīro gṛhaṃ tyajati

| | | |
|---|---|---|
| (1.83) | deśāya | (D.sg.) deśa (m.) 国（のために） |
| (1.83) | vīraḥ | (N.sg.) vīra (m.) 勇者（は） (–o → –aḥ) |
| (1.83) | gṛham | (Ac.sg.) gṛha (n.) 家（を） (–aṃ → –am) |
| (1.83) | tyajati | (3.sg.pres.) √tyaj (1P) 出る |

5. 勇者に帰命する。

वीराय नमः vīrāya namaḥ

| | | |
|---|---|---|
| (1.83) | vīrāya | (D.sg.) vīra (m.) 勇者（に） |
| (1.83) | namaḥ | (ind.) namas (m.) おじぎをする（+D.） |

## トレーニング 4

1. 苦しみのあまり宝石を私達二人は投げる。

दुःखेन रत्नानि क्षिपावः duḥkhena ratnāni kṣipāvaḥ

| | | |
|---|---|---|
| (1.83) | duḥkhena | (I.sg.) duḥkha (n.) 苦しみ（によって） |
| (1.83) | ratnāni | (Ac.pl.) ratna (n.) 宝石（を） |
| (1.83) | kṣipāvaḥ | (1.du.pres.) √kṣip (6P) （私たち二人は）投げる |

2. 鳩をあなた達二人はときはなす。

कपोतान्मुञ्चथः kapotān muñcathaḥ

| | | |
|---|---|---|
| (1.83) | kapotān | (Ac.pl.) kapota (m.) 鳩（を） |
| (1.83) | muñcathaḥ | (2.du.pres.) √muc (6P) （あなたたち二人は）はなす |

3. 手で私は書く。

करेण लिखामि kareṇa likhāmi

| | | |
|---|---|---|
| (1.83) | kareṇa | (I.sg.) kara (m.) 手（で） |
| (1.83) | likhāmi | (1.sg.pres.) √likh (6P) （私は）書く |

4. 家のまわりを人々は耕す。

गृहमभितः कृषन्ति जनाः gṛham abhitaḥ kṛṣanti janāḥ

| | | |
|---|---|---|
| (1.83) | gṛham | (Ac.sg.) gṛha (n.) 家 |
| (1.83) | abhitaḥ | (ind.) abhitas (prep.) ～の回りを（＋Ac.） |
| (1.83) | kṛṣanti | (3.pl.pres.) √kṛṣ (6P) 耕す |
| (1.83) | janāḥ | (N.pl.) jana (m.) 人（々が） |

# 第　6　課　　-i および-u で終わる男性名詞、従格・属格

## 1、 -i および -u 語幹の男性名詞

agniḥ **(m.)** 火　　　　　　　　śiśuḥ **(m.)** 赤ん坊

| | agniḥ sg. | agniḥ du. | agniḥ pl. | śiśuḥ sg. | śiśuḥ du. | śiśuḥ pl. |
|---|---|---|---|---|---|---|
| N. | agniḥ | agnī | agnayaḥ | śiśuḥ | śiśū | śiśavaḥ |
| Ac. | agnim | agnī | agnīn | śiśum | śiśū | śiśūn |
| I. | agninā | agnibhyām | agnibhiḥ | śiśunā | śiśubhyām | śiśubhiḥ |
| D. | agnaye | agnibhyām | agnibhyaḥ | śiśave | śiśubhyām | śiśubhyaḥ |
| Ab. | agneḥ | agnibhyām | agnibhyaḥ | śiśoḥ | śiśubhyām | śiśubhyaḥ |
| G. | agneḥ | agnyoḥ | agnīnām | śiśoḥ | śiśvoḥ | śiśūnām |
| L. | agnau | agnyoḥ | agniṣu | śiśau | śiśvoḥ | śiśuṣu |
| V. | agne | agnī | agnayaḥ | śiśo | śiśū | śiśavaḥ |

**基　礎　ト　レ　ー　ニ　ン　グ　1**

次のサンスクリット語を音読しながら書きなさい。

अग्निः agniḥ 火、火神アグニ

अतिथिः atithiḥ 客

अरिः ariḥ 敵

कविः kaviḥ 詩人

गिरिः giriḥ 山

मुनिः muniḥ 牟尼、賢者、予言者・苦行者などの聖者

रविः raviḥ 太陽

राशिः rāśiḥ 丘、～の山（のように積み重ねられた）、集積、積み重ね

उदधिः udadhiḥ 大海、大洋、水の器（雲・湖・池）

कलिः kaliḥ 喧嘩、争い、闘争、悪世

次の日本語をサンスクリット語に直し、声に出しながら書きなさい。

| | |
|---|---|
| 賢者・聖者 | 争い・喧嘩 |
| 火神アグニ | 太陽 |
| 丘 | ～の山（のように積み重ねられた） |
| 詩人 | 大洋 |
| 山 | 闘争・悪世 |
| 大海・雲 | 火 |
| 太陽 | 客 |

| | |
|---|---|
| 客 | 敵 |
| 水の器 | 詩人 |
| 喧嘩・争い | 山 |

## 基礎トレーニング 2

**次のサンスクリット語を音読しながら書きなさい。**

इन्दुः induḥ 月

इषुः iṣuḥ 矢

गुरुः guruḥ 先生、尊敬すべき人、師、父、目上の親族、祖先、祖霊

तरुः taruḥ 木、樹木

परशुः paraśuḥ 斧

पशुः paśuḥ 家畜

बन्धुः bandhuḥ 親戚、友人

बाहुः bāhuḥ 腕

बिन्दुः binduḥ 滴、点

शिशुः śiśuḥ 赤ん坊、子供、幼児

**次の日本語をサンスクリット語に直し、声に出しながら書きなさい。**

| | |
|---|---|
| 尊敬すべき人・師 | 家畜 |
| 友人 | 親戚 |
| 先生・祖先・祖霊 | 腕 |
| 木 | 滴 |
| 赤ん坊 | 子供 |
| 月 | 木・樹木 |
| 矢 | 斧 |
| 腕 | 師・父・目上の親族 |
| 点 | 月 |
| 幼児 | 矢 |

**2、語末の母音と語頭の母音の結合【外連声】** 本末の母音の外連声表を参照してください。

(1) 同種の母音が結合するときには、その長音となる。

| | |
|---|---|
| –a, –ā ＋ a–, ā– → ā | muninā aṭāmi → muninātāmi |
| –i, –ī ＋ i–, ī– → ī | namasi īśvaram → namasīśvaram |
| –u, –ū ＋ u–, ū– → ū | kintu uvāca → kintūvāca |
| –ṛ, –ṝ ＋ ṛ–, ṝ– → ṝ | kartṛ ṛṣiḥ → kartṝṣiḥ |

(2) –a または –ā は異種の単母音と結合して、そのグナとなる。

| | | |
|---|---|---|
| –a, –ā ＋ i–, ī– | → e | namatha īśvaram → namatheśvaram |
| –a, –ā ＋ u–, ū– | → o | gacchatha udyānam → gacchathodyānam |
| –a, –ā ＋ ṛ–, ṝ– | → ar | muninā ṛṣiḥ → muninarṣiḥ |

(3) –a または –ā は二重母音と結合して、そのヴリッディとなる。

| | | |
|---|---|---|
| –a, –ā ＋ e– | → ai | tiṣṭhatha eva → tiṣṭhathaiva |
| –a, –ā ＋ o– | → au | khādatha odanam → khādathaudanam |
| –a, –ā ＋ ai– | → ai | ca airāvataḥ → cairāvataḥ |
| –a, –ā ＋ au– | → au | paśyatha augham → paśyathaugham |

(4) –i, –ī, –u, –ū, –ṛ は異種の母音の前に来るとき、半母音化が起こる。

| | | |
|---|---|---|
| –i, –ī ＋ 異種の母音– | → –y ＋ 異種の母音– | dhāvati aśvaḥ → dhāvatyaśvaḥ |
| –u, –ū ＋ 異種の母音– | → –v ＋ 異種の母音– | nanu eva → nanveva |
| –ṛ, –ṝ ＋ 異種の母音– | → –r ＋ 異種の母音– | kartṛ iti → kartriti |

(5) a 以外の母音の前において、 –e および –o は a となる。

| | | |
|---|---|---|
| –e ＋ a 以外の母音– | → –a　a 以外の母音– | kave icchasi → kava icchasi |
| –e ＋ a 以外の母音– | → –ay ＋ a 以外の母音– | kave icchasi → kavayicchasi |
| –o ＋ a 以外の母音– | → –a　a 以外の母音– | guro iti → gura iti |
| –o ＋ a 以外の母音– | → –av ＋ a 以外の母音– | guro iti → guraviti |

(6) 語頭にある a– の前において、 –e および –o は変化をうけない。

このとき、 a は消滅し【avagraha】符号が記される。

| | |
|---|---|
| –e ＋ a– → –e ’ | munaye annam → munaye ’nnam |
| –o ＋ a– → –o ’ | prabho adhunā → prabho ’dhunā |

(7) –ai は母音の前では、 –ā （希に –āy ）となる。

| | |
|---|---|
| –ai ＋ 母音– → –ā　母音– | tasmai iṣum → tasmā iṣum |
| –ai ＋ 母音– → –āy ＋ 母音– | tasmai iṣum → tasmāyiṣum |

(8) –au は母音の前では、 –āv （希に –ā ）となる。

| | |
|---|---|
| –au ＋ 母音– → –āv ＋ 母音– | agnau indhanam → agnāvindhanam |
| –au ＋ 母音– → –ā　母音– | agnau indhanam → agnā indhanam |

3、例外 （いかなる母音の前においても語末の母音は変化をうけない）

(1) ā, he, aho 等の間投詞の末尾の母音。

(2) 両数の語尾（ –ī, –ū, –e ）。

vane (du. Ac.) atithiḥ (sg. N.) paśyati / vane (sg. L.) 'tithir ( sg.N. ) vasati

『二つの森（両数）を客は 見る。』 / 『森（単数）の中に客は 住む。』

kavī icchataḥ / bandhū atithiṃ nayataḥ

**基 礎 ト レ ー ニ ン グ 3**

次のサンスクリット語をサンディの規則で結びなさい。

1. guruṇā atithiḥ ____________________
2. khādati annam ____________________
3. kintu ariḥ ____________________
4. iṣū asyati ____________________
5. agre aśvaḥ ____________________
6. agre induḥ ____________________
7. balau indhanam ____________________
8. paśyāmi indum ____________________

［解答］ 1. guruṇātithiḥ 2. khādatyannam 3. kintvariḥ 4. iṣvasyati
5. agre'śvaḥ 6. agra induḥ 7. balāvindhanam 8. paśyāmīndum

4、従格（奪格） （ **Ablative, Ab.** ）【pañcamī】 基本的に出発点を示す。「～から、～より」

(1) 出発点・本源

munir vanāt gacchati 『賢者は森からでる。』

(2) 恐怖・嫌悪・抑制・防止・除外・防護を意味する動詞と共に用いられ、その対象を示す。

īśvaro narān duḥkhāt rakṣati 『王は人々を苦しみより守る。』

(3) 起源・出身・原因・理由をあらわす。

krodhāt bālaṃ tudati 『怒りより少年を彼は打つ。』

(4) 前置詞ならびに前置詞的副詞と共に

（時間・空間） ā 「～から、～まで」、 ārabhya 「～以来」、

ūrdhvam 「後に」、 prabhṛti 「～から、～以来」、 prāk 「～の東に、前」、

anantaram 「直後に、の後で」 pūrvam 「の前に」

（除外） vinā, ṛte 「～なしに、を除いて」、 bahis 「外に、から」

(5) 独立して副詞として

balāt 「無理に、力づくで」、 acirāt 「間もなく」、 kṛcchrāt 「努力して」

dūrāt 「遠くに」、 sākṣāt 「眼前に、明白に、真に、実に」

## 基礎トレーニング 4

**次のサンスクリット語を音読しながら書きなさい。**

आ ā ～から、～まで、に至るまで

आरभ्य **ārabhya** ～以来

ऊर्ध्वम् **ūrdhvam** より後に

प्रभृति **prabhṛti** ～から、～以来

अनन्तरम् **anantaram** の直後に、の後に

प्राक् **prāk** ～の東に、の前に

विना **vinā** ～なしに、除いて

ऋते **ṛte** ～なしに、除いて

बहिस् **bahis** の外に、から

बलात् **balāt** 無理に、力づくで、力強く

अचिरात् **acirāt** 間もなく、直ちに、遅滞なく

कृच्छ्रात् **kṛcchrāt** 大いに努力して、辛うじて

दूरात् **dūrāt** 遠くに、離れて、はるかに

साक्षात् **sākṣāt** 眼前に、明白に、真に、実に、肉体を備えて

**次の日本語をサンスクリット語に直し、声に出しながら書きなさい。**

～から、～まで

～以来

より後に

～から、～以来

の直後に

～の東に、の前に

～なしに、除いて

～なしに、除いて

の外に、から

無理に、力づくで、力強く

間もなく、直ちに

努力して、辛うじて

遠くに、はるかに、離れて

眼前に、明白に、真に、実に、肉体を備えて

5、属格（Genitive, G.）[ṣaṣṭhī]

人または物相互の関連、特に所属・所有の関係を示し、

他の格の表し得ない領域を含む。「～の」（of）

(1) 所属・従属・所有

**hareḥ putrāya nṛpo ratnāni yacchati** ハリの息子に王は宝石を与える。

(2) サンスクリットでは「～を持つ」(have) のような所有を表す動詞はありません。

( The enemies have chariots. ) 敵は戦車を持っている。

( Of the enemies [there] are chariots. ) 敵にとっては、戦車がある。

**arīṇāṃ rathā bhavanti** 敵にとっては、戦車がある。（敵は戦車を持っている。）

**tava putrāṇāṃ dhanaṃ na bhavati** あなたの息子達はお金を持っていない。

**asti ca-asmākam anyat api mitram** そして私達も他の友をもつ。

**śrutam / asaṃtoṣas tu hṛdayasya** と聞いたが、{私の} 心は満たされない。

G. 格は「～にとっては」「～に関しては」と訳し、存在を表す √**as** 、 √**bhū** と共に用いられるが、省略される場合が多い。

(3) 前置詞および前置詞的副詞と共に用いられる。

**upari** 「の上に」、 **adhaḥ** 「の下に」、 **puraḥ, purataḥ** 「の前に」、

**paścāt** 「背後に」、 **agre, agataḥ, samakṣam** 「眼前に」、 **parataḥ** 「～を超えて 」、

**kṛte, artham, arthāya, arthe, kāraṇāt, hetoḥ** 「～のために、故に」

**基礎トレーニング 5**

**次のサンスクリット語を音読しながら書きなさい。**

उपरि upari の上に

अधः adhaḥ の下に

पुरः puraḥ の前に

पुरतः purataḥ の前に

पश्चात् paścāt の背後に、の後ろに

अग्रे agre の眼前に、の面前に

समक्षम् samakṣam の眼前に、の前に

कृते kṛte ～のために、故に

अर्थम् artham ～のために、故に

अर्थाय arthāya ～のために、故に

अर्थे arthe ～のために、故に

कारणात् kāraṇāt ～のために、故に

हेतोः hetoḥ ～のために、故に

次の日本語をサンスクリット語に直し、声に出しながら書きなさい。

上に ________________

下に ________________

前に ________________

背後に ________________

眼前に ________________

～のために、故に ________________

～のために、故に ________________

## 6 ポイント

**新しい単語**

agniḥ 火、火神アグニ

agre ～の眼の前に（+G.）

acirāt 間もなく、直ちに、遅滞なく

atithiḥ 客

adhaḥ ～の下に（+G.）

anantaram の直後に（+Ab.）の後に

ariḥ 敵

artham ～のために、故に（+G.）

arthāya ～のために、故に（+G.）

arthe ～のために、故に（+G.）

ā ～から、～まで（+Ab.）に至るまで

ārabhya ～以来（+Ab.）

induḥ 月

iṣuḥ 矢

udadhiḥ 大海、大洋、水の器（雲・湖・池）

upari ～の上に（+G.）

ūrdhvam より後に（+Ab.）

ṛte ～なしに、を除いて（+Ab.）

kaliḥ 喧嘩、争い、闘争、悪世

kaviḥ 詩人

kāraṇāt ～のために、故に（+G.）

kṛcchrāt 大いに努力して、辛うじて

kṛte ～のために、故に（+G.）

giriḥ 山

guruḥ 先生、尊敬すべき人、師、父、目上の親族

taruḥ 木、樹木

dūrāt 遠くに、離れて、はるかに

paraśuḥ 斧

paśuḥ 家畜

paścāt ～の背後に（+G.）

puraḥ ～の前に（+G.）

purataḥ ～の前に、の向うに（+G.）

pūrvam ～の前に（+Ab.）

prabhṛti ～から、～以来（+Ab.）

prāk ～の東に、の前に（+Ab.）

bandhuḥ 親戚、友人

balāt 無理に、力づくで、力強く

bahis の外に、から（+Ab.）

bāhuḥ 腕

binduḥ 滴

muniḥ 牟尼、賢者、予言者・苦行者などの聖者、聖人

raviḥ 太陽

rāśiḥ ～の山（の様に積み重ねられた）、丘、集積

vinā ～なしに、除いて（+Ab.）

śiśuḥ 赤ん坊、子供、幼児

samakṣam ～の眼前に、の居る所で（+G.）

sākṣāt 眼前に、明白に、真に、実に、肉体を備えて

hetoḥ ～のために、故に（+G.）

語末の母音と語頭の母音の結合【外連声】

| | |
|---|---|
| −a,−ā ＋ a−, ā− → ā | −a, −ā ＋ e− → ai |
| −i, −ī ＋ i−, ī− → ī | −a, −ā ＋ o− → au |
| −u,−ū ＋ u−, ū− → ū | −a, −ā ＋ ai− → ai |
| −ṛ,−ṝ ＋ ṛ−, ṝ− → ṝ | −a, −ā ＋ au− → au |
| −a,−ā ＋ i−, ī− → e | −i, −ī ＋ 異種の母音−→ −y ＋異種の母音− |
| −a,−ā ＋ u−, ū− → o | −u, −ū ＋ 異種の母音−→ −v ＋異種の母音− |
| −a,−ā ＋ ṛ−, ṝ− → ar | −ṛ, −ṝ ＋ 異種の母音−→ −r ＋異種の母音− |
| | −e ＋ a 以外の母音−→ −a　a 以外の母音− |
| −e ＋ a− → −e ’− | −e ＋ a 以外の母音−→ −ay ＋ a 以外の母音− |
| −o ＋ a− → −o ’− | −o ＋ a 以外の母音−→ −a　a 以外の母音− |
| | −o ＋ a 以外の母音−→ −av ＋ a 以外の母音− |
| −ai ＋ 母音−→ −ā　母音− | −au ＋ 母音− → −āv ＋母音− |
| −ai ＋ 母音−→ −āy ＋母音− | −au ＋ 母音− → −ā　母音− |

例外 (1) ā, he, aho 等の間投詞の末尾の母音。 (2) 両数の語尾（−ī, −ū, −e)

## トレーニング 1

次のサンスクリット語を日本語に直しなさい。

1. गिरेर्ग्रामं गच्छामि girer grāmaṃ gacchāmi

2. ग्रामात् बहिः शृगाला वसन्ति grāmāt bahiḥ śṛgālā vasanti

3. सुखात् ऋते जना न माद्यन्ति sukhāt ṛte janā na mādyanti

4. बालः तरोः पतति करं लुम्पति bālaḥ taroḥ patati karaṃ lumpati

5. दासोऽग्नेरन्नं हरति dāso ’gner annaṃ harati

6. शिशुभ्यः प्रभृति आ नरेभ्यः, जनाः श्राम्यन्ति
   śiśubhyaḥ prabhṛti ā narebhyaḥ, janāḥ śrāmyanti

7. बन्धुभिः सह गिरेर्वनं गच्छामि bandhubhiḥ saha girer vanaṃ gacchāmi

8. प्राक् गिरेः पश्याम इन्दुम् prāk gireḥ paśyāma indum

## トレーニング　2

次のサンスクリット語を日本語に直しなさい。

1. तृणस्य राशेरधः कविरिषुं विन्दति tṛṇasya rāśer adhaḥ kavir iṣuṃ vindati

2. अतिथीनां कृते दासः फलानि पचति atithīnāṃ kṛte dāsaḥ phalāni pacati

3. अग्निर्वनस्य वृक्षान्दहति agnir vanasya vṛkṣān dahati

4. मेघानामुपरि रविश्चलति meghānām upari raviś calati

5. जलस्य बिन्दवः पत्रात्पतन्ति jalasya bindavaḥ patrāt patanti

6. रत्नानि तरोः पश्चात् गूहामि ratnāni taroḥ paścāt gūhāmi

7. बालयोः कलिना नरो न तुष्यति bālayoḥ kalinā naro na tuṣyati

8. गृहस्य पश्चात् बन्धवः सीदन्ति gṛhasya paścāt bandhavaḥ sīdanti

9. मुनेः समक्षं जनास्तिष्ठन्ति muneḥ samakṣaṃ janās tiṣṭhanti

## トレーニング　3

次のサンスクリット語を日本語に直しなさい。

1. परशुना वीरोऽरीन् तुदति paraśunā vīro'rīn tudati

2. शिशू हसतः śiśū hasataḥ

3. अश्वः शृगालश्च पशवो भवन्ति aśvaḥ śṛgālaś ca paśavo bhavanti

4. उदधिं प्रति जलानि द्रवन्ति udadhiṃ prati jalāni dravanti

5. बाहुभ्यां तरुं लुम्पति bāhubhyāṃ taruṃ lumpati

6. इषुभिर्नृपो ऽरिं जयति iṣubhir nṛpo'riṃ jayati

7. गुरोर्गृहे वसतः guror gṛhe vasataḥ

8. कपोतः काकः शृगालश्च पशवो भवन्ति kapotaḥ kākaḥ śṛgālaś ca paśavo bhavanti

9. गृहान्नरः शिशून् वनं नयति gṛhāt naraḥ śiśūn vanaṃ nayati

## 応用トレーニング 1

次の日本語をサンスクリット語に直しなさい。

1. 山より村に私は行く。

2. 村の外に山犬たちは住んでいる。

3. 楽しみなしに人々は喜ばない。

4. 少年は、木より落ち手を折る。

5. 召使いは、火から食物を取り出す。

6. 赤ん坊 (pl.) から大人 (pl.) まで人々は疲れている。

7. 親戚と一緒に私は山から森へと行く。

8. 山の東に月を私達は見る。

## 応用トレーニング 2

次の日本語をサンスクリット語に直しなさい。

1. 山のように積みあげられた草の下に詩人が矢を見つける。

2. 客人達のために召使いは果物（pl.）を調理する。

3. 火は森の木々を燃やす。

4. 雲（pl.）の上に太陽が動く。

5. 水の滴（pl.）が、葉より落ちる。

6. 私は宝石（pl.）を木の後ろに隠す。

7. 二人の少年の喧嘩によって人は喜ばない。

8. 家の後ろに友達が座っている。

9. 賢者の眼前に人々が立っている。

## 応用トレーニング 3

**次の日本語をサンスクリット語に直しなさい。**

1. 斧によって英雄は敵達を打つ。

2. 二人の赤ん坊が笑う。

3. 馬と山犬は家畜である。

4. 海の方へ水（pl.）は流れる。

5. 二つの腕で木を倒す。

6. 多くの矢によって王は敵に勝つ。

7. 先生の二軒の住居がある。

8. ハトとカラスと山犬たちは獣類である。

9. 男が家から赤ん坊たちを森に連れて行く。

## トレーニング 1

1. 山より村に私は行く。

गिरेर्ग्रामं गच्छामि　girer grāmaṃ gacchāmi

| | | |
|---|---|---|
| (1.100) | gireḥ | (Ab.sg.) giri (m.) 山（より） (−er → −eḥ) |
| (1.100) | grāmam | (Ac.sg.) grāma (m.) 村（に） (−aṃ → −am) |
| (1.100) | gacchāmi | (1.sg.pres.) √gam (1P) （私は）行く |

2. 村の外に山犬たちは住んでいる。

ग्रामात् बहिः शृगाला वसन्ति

grāmāt bahiḥ śṛgālā vasanti

| | | |
|---|---|---|
| (1.100) | grāmāt | (Ab.sg.) grāma (m.) 村 |
| (1.100) | bahis | (ind.) 〜の外に (+Ab.) (−iḥ → −is) |
| (1.100) | śṛgālāḥ | (N.pl.) śṛgāla (m.) 山犬（たちは） (−ā → −āḥ) |
| (1.100) | vasanti | (3.pl.pres.) √vas (1P) 住んでいる |

3. 楽しみなしに人々は喜ばない。

सुखात् ऋते जना न माद्यन्ति

sukhāt ṛte janā na mādyanti

| | | |
|---|---|---|
| (1.100) | sukhāt | (Ab.sg.) sukha (n.) 楽しみ |
| (1.100) | ṛte | (ind.) ṛte (prep.) 〜なしに (+Ab.) |
| (1.100) | janāḥ | (N.pl.) jana (m.) 人（々は） (−ā → −āḥ) |
| (1.100) | na | (ind.) na 〜ない |
| (1.100) | mādyanti | (3.pl.pres.) √mad (4P) 喜ぶ |

4. 少年は、木より落ち手を骨折する。

बालः तरोः पतति करं लुम्पति

**bālaḥ taroḥ patati karaṃ lumpati**

| | | |
|---|---|---|
| (1.100) | **bālaḥ** | (N.sg.) **bāla** (m.) 少年（は） |
| (1.100) | **taroḥ** | (Ab.sg.) **taru** (m.) 木（から） |
| (1.100) | **patati** | (3.sg.pres.) √**pat** (1P) 落ち |
| (1.100) | **karam** | (Ac.sg.) **kara** (m.) 手（を） _ → -अम्) |
| (1.100) | **lumpati** | (3.sg.pres.) √**lup** (6P) 折る |

5. 召使いは、火から食物を取り出す。

दासोऽग्नेरन्नं हरति

**dāso 'gner annaṃ harati**

| | | |
|---|---|---|
| (1.100) | **dāsaḥ** | (N.sg.) **dāsa** (m.) 召使い（は） (-o → -aḥ) |
| (1.100) | **agneḥ** | (Ab.sg.) **agni** (m.) 火（から） ('- → a-) (-er → -eḥ) |
| (1.100) | **annam** | (Ac.sg.) **anna** (n.) 食物（を） (-aṃ → -am) |
| (1.100) | **harati** | (3.sg.pres.) √**hṛ** (1P) 取り出す |

6. 赤ん坊から大人まで人々は疲れている。

शिशुभ्यः प्रभृति आ नरेभ्यः, जनाः श्राम्यन्ति

**śiśubhyaḥ prabhṛti ā narebhyaḥ, janāḥ śrāmyanti**

| | | |
|---|---|---|
| (1.100) | **śiśubhyaḥ** | (Ab.pl.) **śiśu** (m.) 赤ん坊 |
| (1.100) | **prabhṛti** | (ind.) **prabhṛti** (prep.) ～から始めて（+Ab.） |
| (1.100) | **ā** | (ind.) **ā** (prep.) ～まで（+Ab.） |
| (1.100) | **narebhyaḥ** | (Ab.pl.) **nara** (m.) 大人 |
| (1.100) | **janāḥ** | (N.pl.) **jana** (m.) 人（々は） |
| (1.100) | **śrāmyanti** | (3.pl.pres.) √**śram** (4P) 疲れている |

7. 親戚と一緒に私は山から森へと行く。

बन्धुभिः सह गिरेर्वनं गच्छामि

bandhubhiḥ saha girer vanaṃ gacchāmi

| | | |
|---|---|---|
| (1.100) | bandhubhiḥ | (I.pl.) bandhu (m.) 親戚 |
| (1.100) | saha | (ind.) saha (prep.) ～と一緒に（+I.） |
| (1.100) | gireḥ | (Ab.sg.) giri (m.) 山（から） (–er → –eḥ) |
| (1.100) | vanam | (Ac.sg.) vana (n.) 森（へ） (–aṃ → –am) |
| (1.100) | gacchāmi | (1.sg.pres.) √gam (1P) （私は）行く |

8. 山の東に月を私達は見る。

प्राक् गिरेः पश्याम इन्दुम् prāk gireḥ paśyāma indum

| | | |
|---|---|---|
| (1.100) | prāk | (ind.) prāk (prep.) ～の東に（+Ab.） |
| (1.100) | gireḥ | (Ab.sg.) giri (m.) 山 (–er → –eḥ) |
| (1.100) | paśyāmaḥ | (1.pl.pres.) √dṛś (1P) （私たちは）見る (–ma → –maḥ) |
| (1.100) | indum | (Ac.sg.) indu (m.) 月（を） |

## トレーニング 2

1. 山のように積みあげられた草の下に詩人が矢を見つける。

तृणस्य राशेरधः कविरिषुं विन्दति

tṛṇasya rāśer adhaḥ kavir iṣuṃ vindati

| | | |
|---|---|---|
| (1.101) | tṛṇasya | (G.sg.) tṛṇa (n.) 草 |
| (1.101) | rāśer | (G.sg.) rāśi (m.) ～の山 (–er → –eḥ) |
| (1.101) | adhas | (ind.) adhas (prep.) ～の下に（+G.） (–aḥ → –as) |
| (1.101) | kaviḥ | (N.sg.) kavi (m.) 詩人（が） (–ir → –iḥ) |
| (1.101) | iṣum | (Ac.sg.) iṣu (m.) 矢（を） _ → –अम्) |
| (1.101) | vindati | (3.sg.pres.) √vid (6P) 見つける |

2. 客人達のために召使いは果物を調理する。

अतिथीनां कृते दासः फलानि पचति atithīnāṃ kṛte dāsaḥ phalāni pacati

| | | |
|---|---|---|
| (1.101) | atithīnām | (G.pl.) atithi (m.) 客人 (–aṃ → –am) |
| (1.101) | kṛte | (ind.) kṛte (prep.) ～のために (+G.) |
| (1.101) | dāsaḥ | (N.sg.) dāsa (m.) 召使い (は) |
| (1.101) | phalāni | (Ac.pl.) phala (n.) 果実 (を) |
| (1.101) | pacati | (3.sg.pres.) √pac (1P) 調理する |

3. 火は森の木々を燃やす。

अग्निर्वनस्य वृक्षान्दहति

agnir vanasya vṛkṣān dahati

| | | |
|---|---|---|
| (1.101) | agniḥ | (N.sg.) agni (m.) 火 (は) (–ir → –iḥ) |
| (1.101) | vanasya | (G.sg.) vana (n.) 森 (の) |
| (1.101) | vṛkṣān | (Ac.pl.) vṛkṣa (m.) 木 (々を) |
| (1.101) | dahati | (3.sg.pres.) √dah (1P) 燃やす |

4. 雲の上に太陽が動く。

मेघानामुपरि रविश्चलति meghānām upari raviś calati

| | | |
|---|---|---|
| (1.101) | meghānām | (G.pl.) megha (m.) 雲 |
| (1.101) | upari | (ind.) upari (prep.) ～の上で (+G.) |
| (1.101) | raviḥ | (N.sg.) ravi (m.) 太陽 (が) (–iś → –iḥ) |
| (1.101) | calati | (3.sg.pres.) √cal (1P) 動く |

5. 水の滴が葉より落ちる。

जलस्य बिन्दवः पत्रात्पतन्ति

jalasya bindavaḥ patrāt patanti

| | | |
|---|---|---|
| (1.101) | jalasya | (G.sg.) jala (n.) 水（の） |
| (1.101) | bindavaḥ | (N.pl.) bindu (m.) 滴（が） |
| (1.101) | patrāt | (Ab.pl.) patra (n.) 葉（より） |
| (1.101) | patanti | (3.pl.pres.) √pat (1P) 落ちる |

6. 私は宝石を木の後ろに隠す。

रत्नानि तरोः पश्चात् गूहामि

ratnāni taroḥ paścāt gūhāmi

| | | |
|---|---|---|
| (1.101) | ratnāni | (Ac.pl.) ratna (n.) 宝石（を） |
| (1.101) | taroḥ | (G.sg.) taru (m.) 木 |
| (1.101) | paścāt | (ind.) paścāt (prep.) 〜の後に（+G.） |
| (1.101) | gūhāmi | (1.sg.pres.) √guh (1P) （私は）隠す |

7. 二人の少年の喧嘩によって人は喜ばない。

बालयोः कलिना नरो न तुष्यति

bālayoḥ kalinā naro na tuṣyati

| | | |
|---|---|---|
| (1.101) | bālayoḥ | (G.du.) bāla (m.) （二人の）少年（たちの） |
| (1.101) | kalinā | (I.sg.) kali (m.) 喧嘩（によって） |
| (1.101) | naraḥ | (N.sg.) nara (m.) 人（は）（-o ← -aḥ） |
| (1.101) | na | (ind.) na 〜ない |
| (1.101) | tuṣyati | (3.sg.pres.) √tuṣ (4P) 喜ぶ |

8. 家の後ろに友達が座っている。

गृहस्य पश्चात् बन्धवः सीदन्ति

gṛhasya paścāt bandhavaḥ sīdanti

| | | |
|---|---|---|
| (1.101) | gṛhasya | (G.sg.) gṛha (n.) 家 |
| (1.101) | paścāt | (ind.) paścāt (prep.) ～の後ろに（+G.） |
| (1.101) | bandhavaḥ | (N.pl.) bandhu (m.) 友（達が） |
| (1.101) | sīdanti | (3.pl.pres.) √sad (1P) 座っている |

9. 賢者の眼前に人々が立っている。

मुनेः समक्षं जनास्तिष्ठन्ति

muneḥ samakṣaṃ janās tiṣṭhanti

| | | |
|---|---|---|
| (1.101) | muneḥ | (G.sg.) muni (m.) 賢者 |
| (1.101) | samakṣam | (ind.) samakṣam (adv.) ～の眼前に（+G.）(-aṃ → -am) |
| (1.101) | janāḥ | (N.pl.) jana (m.) 人（々が） (-ās → -āḥ) |
| (1.101) | tiṣṭhanti | (3.pl.pres.) √sthā (1P) 立っている |

## トレーニング 3

1. 斧によって英雄は敵達を打つ。

परशुना वीरोऽरीन् तुदति paraśunā vīro 'rīn tudati

| | | |
|---|---|---|
| (1.101) | paraśunā | (I.sg.) paraśu (m.) 斧（によって） |
| (1.101) | vīraḥ | (N.sg.) vīra (m.) 英雄（は） (-o → -aḥ) |
| (1.101) | arīn | (Ac.pl.) ari (m.) 敵（たちを） |
| (1.101) | tudati | (3.sg.pres.) √tud (6P) 打つ |

2. 二人の赤ん坊が笑う。

शिशू हसतः śiśū hasataḥ

| | | |
|---|---|---|
| (1.101) | śiśū | (N.du.) śiśu (m.) （二人の）赤ん坊（が） |
| (1.101) | hasataḥ | (3.du.pres.) √has (1P) 笑う |

3. 馬と山犬は家畜である。

अश्वः शृगालश्च पशवो भवन्ति aśvaḥ śṛgālaś ca paśavo bhavanti

| | | |
|---|---|---|
| (1.101) | aśvaḥ | (N.sg.) aśva (m.) 馬（は） |
| (1.101) | śṛgālaḥ | (N.sg.) śṛgāla (m.) 山犬（は） (–aś → –aḥ) |
| (1.101) | ca | (ind.) ca ～と～ |
| (1.101) | paśavaḥ | (N.pl.) paśu (m.) 家畜 (–avo → –avaḥ) |
| (1.101) | bhavanti | (3.pl.pres.) √bhū (1P) ～である |

4. 海の方へ水は流れる。

उदधिं प्रति जलानि द्रवन्ति

udadhiṃ prati jalāni dravanti

| | | |
|---|---|---|
| (1.101) | udadhim | (Ac.sg.) udadhi (m.) 海 (–aṃ → –am) |
| (1.101) | prati | (ind.) ～の方へ (+Ac.) |
| (1.101) | jalāni | (N.pl.) jala (n.) 水（は） |
| (1.101) | dravanti | (3.pl.pres.) √dru (1P) 流れる |

5. 二つの腕で木を倒す。

बाहुभ्यां तरुं लुम्पति

bāhubhyāṃ taruṃ lumpati

| | | |
|---|---|---|
| (1.101) | bāhubhyām | (I.du.) bāhu (m.) （二つの）腕（で） (–aṃ → –am) |
| (1.101) | tarum | (Ac.sg.) taru (m.) 木（を）_ → –अम्) |
| (1.101) | lumpati | (3.sg.pres.) √lup (6P) 破壊する |

6. 多くの矢によって王は敵に勝つ。

इषुभिर्नृपो ऽरिं जयति iṣubhir nṛpo 'riṃ jayati

| | | |
|---|---|---|
| (1.102) | iṣubhiḥ | (I.pl.) iṣu (m.) （多くの）矢（によって） (–ir → –iḥ) |
| (1.102) | nṛpo | (N.sg.) nṛpa (m.) 王（は） (–o → –aḥ) |
| (1.102) | arim | (Ac.sg.) ari (1P) 敵（に） (–'r → –ar) (–aṃ → –am) |
| (1.102) | jayati | (3.sg.pres.) √ji (1P) 勝つ |

7. 先生の二軒の住居がある。

गुरोर्गृहे वसतः

guror gṛhe vasataḥ

| | | |
|---|---|---|
| (1.102) | guroḥ | (G.sg.) guru (m.) 先生（の）（-or → -oḥ) |
| (1.102) | gṛhe | (N.du.) gṛha (m.)（二軒の）住居（が） |
| (1.102) | vasataḥ | (3.du.pres.) √vas (1P) 存在する |

8. ハトとカラスと山犬は獣類である。

कपोतः काकः शृगालश्च पशवो भवन्ति

kapotaḥ kākaḥ śṛgālaś ca paśavo bhavanti

| | | |
|---|---|---|
| (1.102) | kapotaḥ | (N.sg.) kapota (m.) ハト |
| (1.102) | kākaḥ | (N.sg.) kāka (m.) カラス |
| (1.102) | śṛgālaḥ | (N.sg.) śṛgāla (m.) 山犬 (-aś → -aḥ) |
| (1.102) | ca | (ind.) ca ～と |
| (1.102) | paśavaḥ | (N.pl.) paśu (m.) 獣（たちは）(-o → -aḥ) |
| (1.102) | bhavanti | (1.pl.pres.) √bhū (1P) ～である。 |

9. 男が家から赤ん坊たちを森に連れて行く。

गृहान्नरः शिशून् वनं नयति

gṛhāt naraḥ śiśūn vanaṃ nayati

| | | |
|---|---|---|
| (1.102) | gṛhāt | (Ab.sg.) gṛha (n.) 家（から）(-ān → -āt) |
| (1.102) | naraḥ | (N.sg.) nara (m.) 男（は） |
| (1.102) | śiśūn | (Ac.pl.) śiśu (m.) 赤ん坊（たちを） |
| (1.102) | vanam | (Ac.sg.) vana (n.) 森（に）_ → -अम्) |
| (1.102) | nayati | (3.sg.pres.) √nī (1P) 連れて行く |

1、第10類動詞の活用【curādi】⑩

**現在時制 能動態【kartari prayogaḥ】(active voice)**

**(1) 語幹の作り方**

語根に aya を添加して現在語幹を作る。√+ aya ＝ 現在語幹

語幹の構造は使役活用の場合と同じである。

**基礎トレーニング 1**

次のサンスクリット語を音読しながら書きなさい。

कथयति √kath【kathayati】〜と話す、物語る

गणयति √gaṇ【gaṇayati】数える、(Ac.) を (Ac.) と思う、考慮する

चिन्तयति √cint【cintayati】考える、熟慮する

दण्डयति √daṇḍ【daṇḍayati】罰する

पालयति √pāl【pālayati】保護する、守る、守護する

पीडयति √pīḍ【pīḍayati】圧迫する、苦しめる

पूजयति √pūj【pūjayati】供養する、尊敬する

भक्षयति √bhakṣ【bhakṣayati】〜を食べる

भूषयति √bhūṣ【bhūṣayati】飾る（使役用法）、装飾する

रचयति √rac【racayati】形成する、整える、著作する

सान्त्वयति √sāntv【sāntvayati】親切な言葉でなだめる

次の日本語をサンスクリット語に直し、声に出しながら書きなさい。

| | |
|---|---|
| 〜と話す・物語る | 守る |
| 数える | 〜を食べる |
| 考える・熟慮する | 飾る（使役用法） |
| 罰する | 保護する |
| 親切な言葉でなだめる | 慰める |
| 圧迫する | 〜を〜と思う |
| 供養する、尊敬する | 崇める |
| 〜を食べる | 考慮する |
| 装飾する | 罰する |
| 形成する | 整える・著作する |
| 守護する | 数える |

**(2)** 2子音に挟まれた短母音は、 guṇa 化する。

√子音＋短母音＋子音 ＋ aya → 子音＋母音（グナ化）＋子音＋ aya

**基 礎 ト レ ー ニ ン グ 2**

**次のサンスクリット語を音読しながら書きなさい。**

घोषयति √ghuṣ【ghoṣayati】宣言する、鳴り響く

चोरयति √cur【corayati】盗む

**次の日本語をサンスクリット語に直し、声に出しながら書きなさい。**

| | |
|---|---|
| 鳴り響く | 盗む |
| 盗む | 宣言する |

**(3)** 語根末の母音は vṛddhi 化する。

√子音＋母音 → 子音＋母音（ vṛddhi 化）＋ aya

**基 礎 ト レ ー ニ ン グ 3**

**次のサンスクリット語を音読しながら書きなさい。**

धारयति √dhṛ【dhārayati】に負う、担う、保持する、着用する、守る、支える、耐える

क्षालयति √kṣal【kṣālayati】洗う、清潔にする（不規則動詞）

छादयति √chad【chādayati】覆う、隠す（不規則動詞）

स्पृहयति √spṛh【spṛhayati】(＋Ac.D.G.) ～を熱望する、渇望する、好む（不規則動詞）

**次の日本語をサンスクリット語に直し、声に出しながら書きなさい。**

支える、耐える に負う、担う、保持する、着用する、守る

| | |
|---|---|
| 清潔にする | (＋Ac.D.G.) ～を熱望する、渇望する |
| 覆う | 洗う |
| (＋Ac.D.G.) ～を好む | 覆う |
| 耐える に負う | 守る |

例

√cur ＋ aya → coraya　　　　√dhṛ ＋ aya → dhāraya

√cur （盗む） (P.)　　　　√dhṛ （負う） (P.)

| sg. | du. | pl. | sg. | du. | pl. |
|---|---|---|---|---|---|
| 1 corayāmi | corayāvaḥ | corayāmaḥ | 1 dhārayāmi | dhārayāvaḥ | dhārayāmaḥ |
| 2 corayasi | corayathaḥ | corayatha | 2 dhārayasi | dhārayathaḥ | dhārayatha |
| 3 corayati | corayataḥ | corayanti | 3 dhārayati | dhārayataḥ | dhārayanti |

接尾辞 a は、 m または v で始まる人称語尾の前では、 ā になる。

また、 a で始まる人称語尾の前では接尾辞 a が、脱落する。

人称語尾は、第１類動詞の場合と同じである。

## 2、依格（処格） ( Locative, L. ) 【saptamī】

動作の遂行される場・状況を表す。広範囲に D. 格の領域と重複する。

「～において」「～のなかで」「～に」。

(1) 動作のなされる場所 in, at, on, upon, among に相当する。

「～の中に、上に、於いて、近くに、間に」。 複数の格は「～の中に、の間に」

udyāne krīḍāmi　　　　tāruṣu

庭に於いて私は遊ぶ。　　　　木々の間に

(2) 動作のなされる時点・時期

grīṣme

夏に

(3) 関係「～に関しては、の点で、のために」

vinaye hariḥ prathamas tiṣṭhati

礼儀正しさに関してハリは 第一に位置する。

(4) 感動・感情・情緒の対象を示す。

harau snihyati

ハリに対して彼は愛情を感じる。

(5) 移動を表す動詞｛行く、出発する、導く、送る、入る｝と共に用いられて目標・到着点を示す。 「～へ向かっていく」意味には Ac. が多く用いられる。

「送る、差し向ける」意味には L. が多く用いられる。

「落ちる（ √pat ）、投げる（ √kṣip ）、置く（ ni-√dhā ）」を

意味する動詞と共に、専ら L. が用いられる。

vṛkṣo hrade patati 木が 湖に 落ちる。

3、呼格（Vocative, V.）〔saṃbodhanam〕

呼び掛けとして用いられ、しばしば、その前に間投詞をともなう。 he śiśo. おお、赤ん坊よ！

4、 動詞複合語（複合動詞）動詞の接頭辞 ＋ 動詞

サンスクリットの動詞は、１個あるいはそれ以上の接頭語（preposition）をともなって、さまざまな意味あいを表す。

| | |
|---|---|
| ati– 通過、超越、の向こうに、越えて | ati–√kram〔atikrāmyati〕踏み越す、犯す |
| adhi– 上方、上に、近くに | adhi–√gam〔adhigacchati〕得る、到着する |
| anu– 随行、接近、に沿って、に従って | anu–√sṛ〔anusarati〕従う |
| apa– 隔離、離れて、速く | apa–√car〔apacarati〕去っていく |
| abhi– 方向、接触、上方、の方へ、に向って | abhi–√dhāv〔abhidhāvati〕攻撃する |
| ava– 遠離、下方、下へ、から、下に | ava–√dah〔avadahati〕to burn down 破壊する |
| ā– 方向、こちらへ、まで、後に | ā–√nī〔ānayati〕to take unto 持って来る |
| ud– 上方、外部、上に、外へ | ud–√bhū〔udbhavati〕to arise 産出される |
| upa– 近接、下方、ここへ、そこへ、近くに | upa–√viś〔upaviśati〕座る |
| ni– 下方、内部、下へ、の中に | ni–√kṣip〔nikṣipati〕降ろす |
| nis– 出離、外へ、から離れて | nis–√vah〔nirvahati〕運び出す、持ち出す |
| pari– 周囲、完全、の周りに、完全に | pari–√pat〔paripatati〕飛び回る、跳び下りる |
| pra– 前方、の前に、前方へ、向って | pra–√cal〔pracalati〕前に進む |
| prati– 反対方向、返報、に向かって、再び | prati–√gam〔pratigacchati〕戻る、向かっていく |
| vi– 分離、反対、分離して、離れて、なしに | vi–√as〔vyasyati〕散らばる |
| sam– 共存、完成、一緒に | saṃ–√kṣip〔saṃkṣipati〕まとめる |

**基礎トレーニング 4**

次のサンスクリット語を音読しながら書きなさい。

उपविशति　upa–√viś〔upaviśati〕to sit 座る

उद्भवति　ud–√bhū〔udbhavati〕to arise から生じる、起きる、増す

आनयति　ā–√nī〔ānayati〕to take unto 持って来る

अवदहति ava-√dah【avadahati】to burn down 焼き尽くす

अभिधावति abhi-√dhāv【abhidhāvati】to run towards 攻撃する、突撃する

अपचरति apa-√car【apacarati】去っていく、より去る、消える

अनुसरति anu-√sṛ【anusarati】従う、ついて行く

अधिगच्छति adhi-√gam【adhigacchati】得る、到達する、見出す、発見する、獲得する、研究する

अतिक्राम्यति ati-√kram【atikrāmyati】越えていく、行き過ぎる、渡る、横切る、犯す

प्रविशति pra-√viś【praviśati】入る

आगच्छति ā-√gam【āgacchati】来る

अवगच्छति ava-√gam【avagacchati】理解する、知る

次の日本語をサンスクリット語に直しなさい。

| | |
|---|---|
| 理解する | 破壊する |
| 来る | 持って来る |
| 入る | から生じる・起きる |
| 行き過ぎる | 横切る |
| 到達する | 得る |
| 従う | 犯す |
| 去っていく | 座る |
| 攻撃する | 渡る |
| 焼き尽くす | 理解する |
| ついて行く | 従う |
| 見出す・発見する | より去っていく・消える |
| 座る | 知る |

## 7 ポイント

**新しい単語**

ati-√kram 〔atikrāmyati〕（越えていく）行き過ぎる、渡る、横切る、犯す

adhi-√gam 〔adhigacchati〕到達する、得る、見出す、発見する、獲得する、研究する

anu-√sṛ 〔anusarati〕従う、ついて行く

apa-√car 〔apacarati〕去っていく、消える、～より去る

abhi-√dhāv 〔abhidhāvati〕攻撃する、突撃する

ava-√gam 〔avagacchati〕理解する、知る

ava-√dah 〔avadahati〕破壊する、焼き尽くす

ā-√gam 〔āgacchati〕来る

ā-√nī 〔ānayati〕持って来る

ud-√bhū 〔udbhavati〕～から生じる、産出される、起きる、増す

upa-√viś 〔upaviśati〕座る

pra-√viś 〔praviśati〕入る

prati-√gam 〔pratigacchati〕戻る、向かっていく

pari-√pat 〔paripatati〕飛び回る、跳び下りる

vi-√as 〔vyasyati〕散らばる

saṃ-√kṣip 〔saṃkṣipati〕まとめる

√kath 〔kathayati〕⑩～と話す、物語る

√kṣal 〔kṣālayati〕⑩洗う、清潔にする

√gaṇ 〔gaṇayati〕⑩数える、（Ac.）を（Ac.）と思う、考慮する

√ghuṣ 〔ghoṣayati〕⑩宣言する、鳴り響く

√cint 〔cintayati〕⑩考える、熟慮する

√cur 〔corayati〕⑩盗む

√chad 〔chādayati〕⑩覆う、隠す

√daṇḍ 〔daṇḍayati〕⑩罰する

√dhṛ 〔dhārayati〕⑩手渡す、に負う、担う、保持する、着用する、守る、支える、耐える

√pāl 〔pālayati〕⑩保護する、守る、守護する

√pīḍ 〔pīḍayati〕⑩圧迫する、苦しめる

√pūj 〔pūjayati〕⑩供養する、尊敬する

√bhakṣ 〔bhakṣayati〕⑩～を食べる

√bhūṣ 〔bhūṣayati〕⑩飾る、装飾する（使役用法）

√rac 〔racayati〕⑩形成する、整える、著作する

√sāntv 〔sāntvayati〕⑩慰める、親切な言葉でなだめる

√spṛh 〔spṛhayati〕⑩（+Ac.D.G.）～を熱望する、渇望する、好む

## トレーニング 1

次のサンスクリット語を日本語に直しなさい。

1. वने पशवो जीवन्ति vane paśavo jīvanti

---

2. हे बाला अग्नाविन्धनं क्षिपथ he bālā agnāv indhanaṃ kṣipatha

---

3. कपोतान्गणयामः kapotān gaṇayāmaḥ

---

4. वनस्य तरुषु मुनिर्वसति vanasya taruṣu munir vasati

---

5. गृहे करौ मुखं च क्षालयामि gṛhe karau mukhaṃ ca kṣālayāmi

---

6. नृपः शरीरं रत्नैर्भूषयति nṛpaḥ śarīraṃ ratnair bhūṣayati

---

7. सुखाय स्पृहयन्ति नराः sukhāya spṛhayanti narāḥ

---

8. पत्रैः फलानि छादयति patraiḥ phalāni chādayati

---

9. ह्रदे हंसा दीव्यन्ति hrade haṃsā dīvyanti

---

10. हे गुरो बालानामाचारं निन्दसि he guro bālānām ācāraṃ nindasi

---

11. दासाय कुसुमे धारयामि dāsāya kusume dhārayāmi

---

12. देशे वीरान्पूजयामः deśe vīrān pūjayāmaḥ

---

13. पात्रेषु कमलानि भवन्ति pātreṣu kamalāni bhavanti

---

14. अनिलेन तरूणां पत्राण्युदधौ पतन्ति anilena tarūṇāṃ patrāṇy udadhau patanti

---

15. गृहयोरन्नं भक्षयामि gṛhayor annaṃ bhakṣayāmi

---

16. वनेऽरय इषून्गूहन्ति vane 'raya iṣūn gūhanti

---

17. मेघेष्विन्दुश्चलति meghesv induś calati

18. नृपं वीरं घोषयति कविः nṛpaṃ vīraṃ ghoṣayati kaviḥ

19. बन्धूनां गृहात् नरो धनं चोरयति bandhūnāṃ gṛhāt naro dhanaṃ corayati

20. शिशून्सान्त्वयामि śiśūn sāntvayāmi

21. मुनिर्दासं न पीडयति munir dāsaṃ na pīḍayati

## トレーニング 2

次のサンスクリット語を日本語に直しなさい。

1. दुःखं धनादुद्भवति duḥkhaṃ dhanāt udbhavati

2. नरा उदधिमतिक्राम्यन्ति narā udadhim atikrāmyanti

3. अग्निस्तर्ववदहति agniḥ tarū avadahati

4. कूपाद्जलमानयति kūpāt jalam ānayati

## 応用トレーニング 1

次の日本語を sandhi 規則に注意してサンスクリット語に直しなさい。

1. 森の中で獣達は生きている。
2. おお、少年達よ！火の中に薪を投げいれなさい。
3. 鳩 (pl.) を、私達は数える。
4. 森の木 (pl.) の下に聖者が住んでいる。
5. 家の中で両手と口を私は洗う。
6. 王は、体を宝石 (pl.) で飾る。
7. 幸福を人々は切望する。
8. 葉 (pl.) で果物 (pl.) を彼は覆う。
9. 湖で白鳥 (pl.) が遊ぶ。

10. やあ、先生！子供達の行儀をとがめなさい。

11. 私は召使いに二つの花を手渡す。

12. 国中で英雄達を敬いましょう。

13. 器 (pl.) の中に蓮 (pl.) がある。

14. 風によって木々の葉 (pl.) が海に落ちる。

15. 私は、二つの家で飯を食べる。

16. 森の中に敵達は矢 (pl.) を隠す。

17. 雲 (pl.) の中で月が動く。

18. 王を勇者として詩人は宣言する。

19. 親戚 (pl.) の家から男は財産を盗む。

20. 赤ん坊 (pl.) を私は慰める。

21. 聖者は、召使いを苦しめない。

## 応用トレーニング 2

**次の日本語をサンスクリット語に直しなさい。**

1. 苦しみは、富から生じる。

2. 人々は大海を渡る。

3. 火は２本の樹木を焼き尽くす。

4. 井戸から水を（彼は）持ってくる。

## トレーニング 1

1. 森の中で獣達は生きている。

वने पशवो जीवन्ति vane paśavo jīvanti

| | | |
|---|---|---|
| (1.118) | vane | (L.sg.) vana (n.) 森（の中で） |
| (1.118) | paśavaḥ | (N.pl.) paśu (m.) 獣（たちは）（–o → –aḥ） |
| (1.118) | jīvanti | (3.pl.pres.) √jīv (1P) 生きている |

2. おお、少年達よ！火の中に薪を投げ入れなさい。

हे बाला अग्नाविन्धनं क्षिपथ

he bālā agnāv indhanaṃ kṣipatha

| | | |
|---|---|---|
| (1.118) | he | (ind.) he おお（＋V.） |
| (1.118) | bālāḥ | (V.pl.) bāla (m.) 少年（たちよ）（–ā → –āḥ） |
| (1.118) | agnau | (L.sg.) agni (m.) 火（の中に）（–āv → –au） |
| (1.118) | indhanam | (Ac.sg.) indhana (n.) 薪（を）（–aṃ → –am） |
| (1.118) | kṣipatha | (2.pl.pres.) √kṣip (6P)（あなたたちは）投げ入れなさい |

3. 鳩を、私達は数える。

कपोतान्गणयामः kapotān gaṇayāmaḥ

| | | |
|---|---|---|
| (1.118) | kapotān | (Ac.pl.) kapota (m.) 鳩（たちを） |
| (1.118) | gaṇayāmaḥ | (1.pl.pres.) √gaṇ (10P)（私たちは）数える |

4. 森の木の下に聖者が住んでいる。

वनस्य तरुषु मुनिर्वसति

vanasya taruṣu munir vasati

| | | |
|---|---|---|
| (1.118) | vanasya | (G.sg.) vana (n.) 森（の） |
| (1.118) | taruṣu | (L.pl.) taru (m.) 木（の下に）（–uṣu → –usu） |
| (1.118) | muniḥ | (N.sg.) muni (m.) 聖者（が）（–ir → –iḥ） |
| (1.118) | vasati | (3.sg.pres.) √vas (1P) 住んでいる |

5. 家の中で両手と顔を私は洗う。

गृहे करौ मुखं च क्षालयामि

gṛhe karau mukhaṃ ca kṣālayāmi

| | | |
|---|---|---|
| (1.118) | gṛhe | (L.sg.) gṛha (n.) 家（の中で） |
| (1.118) | karau | (Ac.du.) kara (m.) （両）手（を） |
| (1.118) | mukham | (Ac.sg.) mukha (n.) 顔（を） (-aṃ → -am) |
| (1.118) | ca | (ind.) ca 〜と〜 |
| (1.118) | kṣālayāmi | (1.sg.pres.) √kṣal (10P) （私は）洗う |

6. 王は、身体を宝石で飾る。

नृपः शरीरं रत्नैर्भूषयति

nṛpaḥ śarīraṃ ratnair bhūṣayati

| | | |
|---|---|---|
| (1.118) | nṛpaḥ | (N.sg.) nṛpa (m.) 王（は） |
| (1.118) | śarīram | (Ac.sg.) śarīra (n.) 身体（を） (-aṃ → -am) |
| (1.118) | ratnaiḥ | (I.pl.) ratna (n.) 宝石（で） (-air → -aiḥ) |
| (1.118) | bhūṣayati | (3.sg.pres.) √bhūṣ (10P) 飾る (caus.) |

7. 幸福を人々は切望する。

सुखाय स्पृहयन्ति नराः

sukhāya spṛhayanti narāḥ

| | | |
|---|---|---|
| (1.118) | sukhāya | (D.sg.) sukha (n.) 幸福（を） |
| (1.118) | spṛhayanti | (3.pl.pres.) √spṛh (10P) 切望する（+D.） |
| (1.118) | narāḥ | (N.pl.) nara (m.) 人（々は） |

8. 葉で果物を彼は覆う。

पत्रैः फलानि छादयति

patraiḥ phalāni chādayati

(1.118) patraiḥ (I.pl.) patra (n.) 葉（で）

(1.118) phalāni (Ac.pl.) phala (n.) 果実（を）

(1.118) chādayati (3.sg.pres.) √chad (10P) （彼は）覆う

9. 湖で白鳥が遊ぶ。

ह्रदे हंसा दीव्यन्ति hrade haṃsā dīvyanti

(1.118) hrade (L.sg.) hrada (m.) 湖（で）

(1.118) haṃsāḥ (N.pl.) haṃsa (m.) 白鳥（たちが）（–ā ← –āḥ）

(1.118) dīvyanti (3.pl.pres.) √div (4P) 遊ぶ

10. やあ、先生！子供達の行儀をとがめなさい。

हे गुरो बालानामाचारं निन्दसि

he guro bālānām ācāraṃ nindasi

(1.118) he (ind.) he おお（+V.）

(1.118) guro (V.sg.) guru (m.) 先生（よ）

(1.118) bālānām (G.pl.) bāla (m.) 子供（たちの）

(1.118) ācāram (Ac.sg.) ācāra (m.) 行為（を）（–aṃ ← –am）

(1.118) nindasi (2.sg.pres.) √nind (1P) （あなたは）とがめる

11. 私は召使いに二つの花を手渡す。

दासाय कुसुमे धारयामि

dāsāya kusume dhārayāmi

(1.118) dāsāya (D.sg.) dāsa (m.) 召使い（に）

(1.118) kusume (Ac.du.) kusuma (n.) （二つの）花（を）

(1.118) dhārayāmi (1.sg.pres.) √dhṛ (10P) （私は）手渡す

12. 国中で英雄達を（私達は）敬いましょう。

देशे वीरान्पूजयामः

deśe vīrān pūjayāmaḥ

| | | |
|---|---|---|
| (1.118) | deśe | (L.sg.) deśa (m.) 国（中で） |
| (1.118) | vīrān | (Ac.pl.) vīra (m.) 英雄（たちを） |
| (1.118) | pūjayāmaḥ | (1.pl.pres.) √pūj (10P) （私たちは）敬いましょう |

13. 器の中に蓮がある。

पात्रेषु कमलानि भवन्ति

pātreṣu kamalāni bhavanti

| | | |
|---|---|---|
| (1.118) | pātreṣu | (L.pl.) pātra (n.) 器（の中に） (–eṣu → –esu) |
| (1.118) | kamalāni | (N.pl.) kamala (n.) 蓮（が） |
| (1.118) | bhavanti | (3.pl.pres.) √bhū (1P) ある |

14. 風によって木々の葉が海に落ちる。

अनिलेन तरूणां पत्राण्युदधौ पतन्ति

anilena tarūṇāṃ patrāṇy udadhau patanti

| | | |
|---|---|---|
| (1.118) | anilena | (I.sg.) anila (m.) 風（によって） |
| (1.118) | tarūṇām | (G.pl.) taru (m.) 木（々の） (–aṃ → –am) |
| (1.118) | patrāni | (N.pl.) patra (n.) 葉（が） (–āṇy → –āṇi → –āni) |
| (1.118) | udadhau | (L.sg.) udadhi (m.) 海（に） |
| (1.118) | patanti | (3.pl.pres.) √pat (1P) 落ちる |

15. 私は、二つの家で飯を食べる。

गृहयोरन्नं भक्षयामि

gṛhayor annaṃ bhakṣayāmi

| | | |
|---|---|---|
| (1.118) | gṛhayoḥ | (L.du.) gṛha (n.) （二軒の）家（で） (–or → –oḥ) |
| (1.118) | annam | (Ac.sg.) anna (n.) 飯（を） (–aṃ → –am) |
| (1.118) | bhakṣayāmi | (1.sg.pres.) √bhakṣ (10P) （私は）食べる |

16. 森の中に敵達は矢を隠す。

वनेऽरय इषून्गूहन्ति

vane 'raya iṣūn gūhanti

| | | |
|---|---|---|
| (1.118) | vane | (L.sg.) vana (n.) 森（の中に） |
| (1.118) | arayaḥ | (N.pl.) ari (m.) 敵（たちは） ('raya → arayaḥ) |
| (1.118) | iṣūn | (Ac.pl.) iṣu (m.) 矢（を） |
| (1.118) | gūhanti | (3.pl.pres.) √guh (1P) 隠す |

17. 雲の中で月が動く。

मेघेष्विन्दुश्चलति

megheṣv induś calati

| | | |
|---|---|---|
| (1.119) | megheṣu | (L.pl.) megha (m.) 雲（の中で） (–eṣv → –eṣu) |
| (1.119) | induḥ | (N.sg.) indu (m.) 月（が） (–uś → –uḥ) |
| (1.119) | calati | (3.sg.pres.) √cal (1P) 動く |

18. 王を英雄と詩人は宣言する。

नृपं वीरं घोषयति कविः

nṛpaṃ vīraṃ ghoṣayati kaviḥ

| | | |
|---|---|---|
| (1.119) | nṛpam | (Ac.sg.) nṛpa (m.) 王（を） (–aṃ → –am) |
| (1.119) | vīram | (Ac.sg.) vīra (m.) 英雄（として） (–aṃ → –am) |
| (1.119) | ghoṣayati | (3.sg.pres.) √ghuṣ (10P) 宣言する |
| (1.119) | kaviḥ | (N.sg.) kavi (m.) 詩人（は） |

19. 親戚の家から男は財産を盗む。

बन्धूनां गृहात् नरो धनं चोरयति

bandhūnāṃ gṛhāt naro dhanaṃ corayati

| | | |
|---|---|---|
| (1.119) | bandhūnām | (G.pl.) bandhu (m.) 親戚（の） (–aṃ → –am) |
| (1.119) | gṛhāt | (Ab.sg.) gṛha (n.) 家（から） |
| (1.119) | naraḥ | (N.sg.) nara (m.) 男（は） (–o → –aḥ) |
| (1.119) | dhanam | (Ac.sg.) dhana (n.) 財産（を） (–aṃ → –am) |
| (1.119) | corayati | (3.sg.pres.) √cur (10P) 盗む |

20. 赤ん坊を私は慰める。

शिशून्सान्त्वयामि śiśūn sāntvayāmi

| | | |
|---|---|---|
| (1.119) | śiśūn | (Ac.pl.) śiśu (m.) 赤ん坊（を） |
| (1.119) | sāntvayāmi | (1.sg.pres.) √sāntv (10P) （私は）慰める |

21. 聖者は、召使いを苦しめない。

मुनिर्दासं न पीडयति

munir dāsaṃ na pīḍayati

| | | |
|---|---|---|
| (1.119) | muniḥ | (N.sg.) muni (m.) 聖者（は） (–ir → –iḥ) |
| (1.119) | dāsam | (Ac.sg.) dāsa (m.) 召使い（を） (–aṃ → –am) |
| (1.119) | na | (ind.) na ない |
| (1.119) | pīḍayati | (3.sg.pres.) √pīḍ (10P) 苦しめる |

## トレーニング　2

1. 苦しみは、富から生じる。

दु:खं धनादुद्भवति

duḥkhaṃ dhanād udbhavati

(1.119)　duḥkham　(N.sg.) duḥkha (n.) 苦しみ（は）（–aṃ → –am）

(1.119)　dhanāt　(Ab.sg.) dhana (n.) 富（から）（–ād u– → –āt u–）

(1.119)　udbhavati　(3.sg.pres.) ud–√bhū (1P) 生じる。

2. 人々は大海を渡る。

नरा उदधिमतिक्राम्यन्ति

narā udadhim atikrāmyanti

(1.119)　narāḥ　(N.pl.) nara (m.) 人（々は）（–ā u–→ –āḥ u–）

(1.119)　udadhim　(Ac.sg.) udadhi (m.) 大海（を）

(1.119)　atikrāmyanti　(3.sg.pres.) ati–√kram (4P) 渡る

3. 火は２本の樹木を焼き尽くす。

अग्निस्तर्ववदहति agnis tarv avadahati

(1.119)　agniḥ　(N.sg.) agni (m.) 火（は）（–is → –iḥ）

(1.119)　tarū　(Ac.du.) taru (m.)（二本の）樹木（を）（–v a– → –ū a–）

(1.119)　avadahati　(3.sg.pres.) ava–√dah (1P) 焼き尽くす

4. 井戸から水を（彼は）持ってくる。

कूपाद्जलमानयति

kūpād jalam ānayati

(1.119)　kūpāt　(Ab.sg.) kūpa (m.) 井戸（から）（–ād → –āt）

(1.119)　jalam　(Ac.sg.) jala (n.) 水（を）

(1.119)　ānayati　(3.sg.pres.) ā–√nī (1P) 彼は持ってくる。

## 語末子音 ＋ 語頭子音（母音） のサンディ表

| （単語の語末）絶対語末の子音 | | | | | | | | | | |
|---|---|---|---|---|---|---|---|---|---|---|
| −k | −ṭ | −t | −p | −ṅ | −n | −m | −ḥ /−r | −āḥ | −aḥ | 単語の語頭 |
| k→<br>g→ | ṭ→<br>ḍ→ | t→<br>d→ | p→<br>b→ | ṅ→<br>ṅ→ | n→<br>n→ | ṃ<br>ṃ | ḥ<br>r→ | āḥ<br>ā | aḥ<br>o | k / kh<br>g / gh |
| k→<br>g→ | ṭ→<br>ḍ→ | c→<br>j→ | p→<br>b→ | ṅ→<br>ṅ→ | ṃś→<br>ñ→ | ṃ<br>ṃ | ś→<br>r→ | āś→<br>ā | aś→<br>o | c / ch<br>j / jh |
| k→<br>g→ | ṭ→<br>ḍ→ | t→<br>d→ | p→<br>b→ | ṅ→<br>ṅ→ | ṃṣ→<br>ṇ→ | ṃ<br>ṃ | ṣ→<br>r→ | āṣ→<br>ā | aṣ→<br>o | ṭ / ṭh<br>ḍ / ḍh |
| k→<br>g→ | ṭ→<br>ḍ→ | t→<br>d→ | p→<br>b→ | ṅ→<br>ṅ→ | ṃs→<br>n→ | ṃ<br>ṃ | s→<br>r→ | ās→<br>ā | as→<br>o | t / th<br>d / dh |
| k→<br>g→ | ṭ→<br>ḍ→ | t→<br>d→ | p→<br>b→ | ṅ→<br>ṅ→ | n→<br>n→ | ṃ<br>ṃ | ḥ<br>r→ | āḥ<br>ā | aḥ<br>o | p / ph<br>b / bh |
| ṅ→<br>g→ | ṇ→<br>ḍ→ | n→<br>d→ | m→<br>b→ | ṅ→<br>ṅ→ | n→<br>n→ | ṃ<br>ṃ | r→<br>r→ | ā<br>ā | o<br>o | 鼻音（n / m）<br>y / v |
| g→<br>g→ | ḍ→<br>ḍ→ | d→<br>l→ | b→<br>b→ | ṅ→<br>ṅ→ | n→<br>l̐ /ṃl/ṃ→[2] | ṃ<br>ṃ | −−[1]<br>r→ | ā<br>ā | o<br>o | r<br>l |
| k→<br>k→ | ṭ→<br>ṭ→ | c→ch<br>t→ | p→<br>p→ | ṅ→<br>ṅ→ | ñ→ś/ch<br>n→ | ṃ<br>ṃ | ḥ<br>ḥ | āḥ<br>āḥ | aḥ<br>aḥ | ś<br>ṣ / s |
| g→gh | ḍ→ḍh | d→dh | b→bh | ṅ→ | n→ | ṃ | r→ | ā | o | h[5] |
| g→<br>g→ | ḍ→<br>ḍ→ | d→<br>d→ | b→<br>b→ | ṅ/ṅṅ→[3]<br>ṅ/ṅṅ→[3] | n/nn→[3]<br>n/nn→[3] | m→<br>m→ | r→<br>r→ | ā<br>ā | o ’<br>a[4] | a<br>a 以外の母音 |
| −k | −ṭ | −t | −p | −ṅ | −n | −m | −ḥ | −āḥ | −aḥ | 文末 |

−ḥ /−r は −āḥ /−aḥ 以外の −ḥ /−r　　　例 −i,īḥ −u,ūḥ −e,aiḥ −o,auḥ

1. [1] −ḥ または −r は、脱落する。 i /u が −ḥ , −r に先行するならば ī /ū と延長される。

   raviḥ rūḍhaḥ ＝ ravī rūḍhah / punar rakṣati ＝ punā rakṣati

2. [2] 例 tān ＋ labhasva ＝ tāl̐labhasva or tāṃllabhasva, tāṃlabhasva

3. [3] 語末の ṅ, ṇ, n が短母音に先立たれ、次の単語が母音で始まるとき、鼻音は重複されて

   −ṅṅ, −ṇṇ, −nn となる。 gāyan āgacchati ＝ gāyannāgacchati

4. [4] −aḥ ＋ a− ＝ o ’ 、 −aḥ ＋ a− 以外の母音 candraḥ iva ＝ candra iva

5. [5] −k, −ṭ, −t, −p ＋ h− ＝ −g→gh−; −ḍ→ḍh−; −d→dh−; −b→bh−

   samyak hutaḥ ＝ samyagghutaḥ, dviṭ hasati ＝ dviḍḍhasati, etat hi ＝ etaddhi

   kakub ha ＝ kakubbha 　→ 記号は、接続可能を意味する。

**注意すべきサンディ規則**

例

āgacchannr̥pasya = āgacchan (3.pl.past.) nr̥pasya ○

āgacchannr̥pasya = āgacchat (3.sg.past.) nr̥pasya ○

upāviśannarayaḥ = upāviśan narayaḥ ×

upāviśannarayaḥ = upāviśann arayaḥ = upāviśan (3.pl.) arayaḥ ○

sevanta iti = sevante (3.pl.) iti ○

sevanta iti = sevantaḥ iti ×

sevanta iti = sevanto iti ×

reṇvā aliḥ = reṇvai (D.sg.) aliḥ ○

reṇvā aliḥ = reṇvāḥ (Ab.sg.) aliḥ ○

reṇvā aliḥ = reṇvāḥ (G.sg.) aliḥ ○

vanasya cchāyāyām ← vanasya chāyāyām ○

一般に ch は、母音の後に来ることは許されないので、母音の後では cch となる。

cicchūdrayoḥ = cit śūdrayoḥ ○

gajāñchūdrāḥ = gajān śūdrāḥ ○

**語末母音 ＋ 語頭母音 のサンディ表**

| 単語の語末 | | | | | | | | 単語の語頭 |
|---|---|---|---|---|---|---|---|---|
| −a −ā | −i −ī | −u −ū | −r̥ | −e | −ai | −o | −au | |
| ā | y→a | v→a | r→a | e ’ | ā a | o ’ | āv→a | a− |
| ā | y→ā | v→ā | r→ā | a ā | ā ā | a ā | āv→ā | ā− |
| e | ī | v→i | r→i | a i | ā i | a i | āv→i | i− |
| e | ī | v→ī | r→ī | a ī | ā ī | a ī | āv→ī | ī− |
| o | y→u | ū | r→u | a u | ā u | a u | āv→u | u− |
| o | y→ū | ū | r→ū | a ū | ā ū | a ū | āv→ū | ū− |
| a→r | y→r̥ | v→r̥ | r̥̄ | a r̥ | ā r̥ | a r̥ | āv→r̥ | r̥− |
| ai | y→e | v→e | r→e | a e | ā e | a e | āv→e | e− |
| ai | y→ai | v→ai | r→ai | a ai | ā ai | a ai | āv→ai | ai− |
| au | y→o | v→o | r→o | a o | ā o | a o | āv→o | o− |
| au | y→au | v→au | r→au | a au | ā au | a au | āv→au | au− |

ひらおかしょうしゅう
平岡昇修

1949年　奈良市東大寺に生まれる。
1971年　大谷大学文学部仏教学科卒業。
インド政府給費留学生として、
1975年　マドラス大学インド哲学科修士課程修了。

著　書　≪サンスクリット・トレーニング　Ⅰ≫
≪サンスクリット・トレーニング　Ⅱ≫
≪サンスクリット・トレーニング　Ⅲ≫
≪新・サンスクリット・トレーニング　Ⅳ≫
発音・暗記編ＣＤ３枚付き
≪サンスクリット虎の巻≫
≪初心者のためのサンスクリット辞典≫
≪初心者のためのサンスクリット文法　Ⅰ≫ＣＤ付き
≪初心者のためのサンスクリット文法　Ⅱ≫
（世界聖典刊行協会）

≪改訂新版　初心者のためのサンスクリット辞典≫
≪耳から覚えるサンスクリット≫ＣＤ３枚付き
≪新　初心者のためのサンスクリット文法　Ⅰ≫
（山喜房佛書林）

共著書
≪日本の美術　10≫　第281号。
≪仏教行事散策≫
≪仏教の事典≫

しっかり基礎から学ぶサンスクリット—書き込み式—上巻

2019年12月20日　第1刷発行　　定価（本体1,500円＋税）

著　者　平　岡　昇　修
発行者　吉　山　利　博
発行所　株式会社 山喜房佛書林
〒113-0033　東京都文京区本郷5丁目28-5
電話 03(3811)5361

乱丁本はお取替いたします

ISBN978-4-7963-0325-5　C1087